THÉORIE DE LA LITTÉRATURE
sous la direction d'Andrea Del Lungo
29

Les Deuils sans noms

Ouvrage publié avec le soutien du laboratoire EMA (EA 4507)
de CY Cergy Paris Université

Pierre-Louis Fort

Les Deuils sans noms

Écritures contemporaines de la perte

PARIS
CLASSIQUES GARNIER
2023

Pierre-Louis Fort est professeur des universités à CY Cergy Paris Université. Spécialiste de la littérature française des XXe et XXIe siècles à laquelle il a consacré de très nombreux articles, il est également l'auteur d'essais comme *Critique et Littérature* (Paris, 2008) ou *Simone de Beauvoir* (Paris, 2016). Il a récemment dirigé le *Cahier de L'Herne Annie Ernaux* (Paris, 2022).

ISBN 978-2-406-14695-7 (livre broché)
ISBN 978-2-406-14696-4 (livre relié)
ISSN 2112-8790

INTRODUCTION

ÉCRIRE LA DISPARITION
« L'œuvre et l'espace de la mort[1] »

Au début de son essai sur *Roland Barthes*, Tiphaine Samoyault place un prologue intitulé « La mort de Roland Barthes ». Au cours des pages qui le composent, elle justifie progressivement les raisons qui la conduisent à commencer par la *fin* de Barthes. Elle engage ainsi une réflexion sur les pouvoirs de la mort (qui « fait venir des formes et des figures nouvelles[2] ») et en souligne la puissance d'engendrement intellectuelle et scripturale. En filigrane, c'est le rapport quintessentiel de la *littérature* et de la *mort* (« départ de toute nouvelle entrée ») qui est suggéré.

S'intéressant à ces liens, certains critiques comme Michel Picard évoquent très explicitement les « relations étroites, presque consubstantielles [qu]'entretiennent la littérature et la mort[3] », tandis que des écrivains comme Marguerite Duras formulent de façon sensible des variantes possibles de cette dynamique en insistant sur la tension finale entre perte et trace :

> Je me suis dit qu'on écrivait toujours sur le corps mort du monde et, de même, sur le corps mort de l'amour. Que c'était dans les états d'absence que l'écrit s'engouffrait pour ne remplacer rien de ce qui avait été vécu ou supposé l'avoir été, mais pour en consigner le désert par lui laissé[4].

---

1 Nous détournons ici la formule de Maurice Blanchot (*L'Espace littéraire* [Paris, Gallimard, 1955], Paris, Gallimard, collection « Folio essais », 1991, p. 103. *sq.*)

2 Tiphaine Samoyault, *Roland Barthes*, Paris, Le Seuil, collection « Fiction & Cie », 2015, p. 26.

3 Michel Picard, *La Littérature et la mort*, Paris, Presses Universitaires de France, collection « Écriture », 1995, p. 3.

4 Marguerite Duras, *L'Été 80*, Paris, Minuit, 1980, p. 67.

Non pas *impuissance* de la littérature donc, mais *puissance inversée* : non pas ressusciter mais affirmer la disparition en tant que marque.

Cette idée, large, d'une écriture se confrontant à une absence dont elle rend compte tout en la parachevant résonne par bien des aspects, non avec une littérature de la *mort*, mais avec ce qu'on peut appeler, de façon plus restreinte et spécifique, une littérature du *deuil*, au sens propre du terme : une littérature qui s'origine dans une perte concrète (celle d'autrui) qu'elle réfléchit tout en la pensant, à défaut de pouvoir (vouloir) la panser. Se constituerait ainsi, comme catégorie esthético-littéraire, une « écriture du deuil » dans laquelle s'actualiseraient tout à la fois le génitif subjectif et le génitif objectif, un deuil *sujet* et *objet* d'écriture, un deuil qui impulse une écriture dans laquelle il s'incarne simultanément.

RETOUR SUR LE « DEUIL »

Revenons sur ces liens entre deuil et écriture, de manière à en examiner le caractère opératoire.

Étymologiquement, le deuil renvoie à la douleur. S'il désigne, dès le Moyen Âge, l'« affliction causée par la mort de quelqu'un », le terme prend son réel essor critique avec Freud (« Deuil et mélancolie ») qui insiste sur l'idée que le deuil (nous) travaille, nous conduisant à réévaluer la perte par le biais d'une élaboration psychique qui vise le détachement : le but du « travail du deuil », tel que l'envisageait Freud, étant en effet de « renoncer à l'objet en déclarant l'objet mort[5] ». Mais on sait aussi, depuis les théorisations freudiennes et leurs développements ultérieurs, qu'il y a des deuils avec fin et des deuils sans fin[6], ce qui complique une éventuelle linéarité du processus. Nombreux sont par ailleurs les endeuillés qui, prenant leur distance avec ce qui est devenu une vulgate psychanalytique, disent ne pas vouloir se départir de ce qui les relie encore

5 Sigmund Freud, « Deuil et mélancolie », *Métapsychologie* [1917], traduction française Jean Laplanche et Jean-Bertrand Pontalis [Paris, Gallimard, 1968], Paris, Gallimard, collection « Folio », 1986, p. 148.

6 Voir Daniel Widlöcher, « Deuil fini et deuil sans fin. À propos des effets de l'interprétation », *Le Deuil*, Nadine Amar (dir.), Paris, Presses Universitaires de France, 1998, p. 151-162.

au disparu : « Non pas supprimer le deuil (le chagrin) (idée stupide du temps qui abolira) mais le changer, le transformer, le faire passer d'un état statique (stase, engorgement, récurrences répétitives de l'identique) à un état fluide[7] » note par exemple Roland Barthes dans son *Journal de deuil*. Mais comment procéder ? Comment accomplir cette tâche inouïe ?

L'écriture est évidemment une des possibilités de cette élaboration, possibilité que Barthes, connaissant bien son Freud, propose de formuler en déplaçant les termes de l'équation : « Je transforme "Travail" au sens analytique (Travail du Deuil, du Rêve) en "Travail" réel-d'écriture[8] ». Dans ses travaux sur le deuil, Melanie Klein propose une théorie qui va dans ce sens en évoquant une « souffrance [qui] peut devenir productive ». Elle écrit :

> Nous savons que les expériences douloureuses quelles qu'elles soient stimulent quelquefois les sublimations ou font même apparaître des aptitudes tout à fait nouvelles chez certaines personnes : celles-ci se mettent à peindre ou à écrire sous la pression des épreuves et des frustrations[9].

Cette théorie a été reprise par plusieurs auteurs comme Colin Murray Parkes[10], par exemple, s'appuyant sur les travaux de Gregory Rochlin, pour insister sur cette dimension créative. Les livres de deuil, si on accepte de les ancrer dans ce terreau psychanalytique et de les envisager en liaison avec la productivité engendrée par la souffrance, réfléchissent et transforment ainsi le vécu au cours d'une sorte d'investigation scripturale qui aurait pour fonction, comme le suggère Dominique Rabaté, de « prolonger [en la démultipliant] l'expérience du deuil[11] ». Il ne s'agirait donc pas de « mettre une seconde fois à mort la personne aimée en [se] prêtant à l'effacement de ce qui reste d'elle en nous[12] » mais plutôt, ainsi

---

7 Roland Barthes, *Journal de deuil, 26 octobre 1977 – 21 juin 1978*, Paris, Le Seuil / Imec, collection « Fiction & Cie », 2009, p. 153.

8 *Ibid.*, p. 143.

9 Melanie Klein, « Le deuil et ses rapports avec les états maniaco-dépressifs » [1948], *Essais de psychanalyse*, traduction française Marguerite Derrida, Paris, Payot, 1982, p. 359.

10 Collin Murray Parkes, *Le Deuil. Études du deuil chez l'adulte*, Paris, Éditions Frison-Roche, collection « Face à la mort », 1996, p. 138.

11 Dominique Rabaté, « Introduction », *Deuil et littérature*, Pierre Glaudes et Dominique Rabaté (dir.), Bordeaux, Presses universitaires de Bordeaux, série « Modernités » (n° 21), 2005, p. 11.

12 Philippe Forest, « Dix ans après : de *L'Enfant éternel* à *Tous les enfants sauf un*. Sept propositions pour une poétique du deuil », *Écrire le deuil dans les littératures des* XXe-XXe *siècles*,

qu'il le formule en empruntant à Pierre Fédida[13], de « [m]aintenir vivant comme objet perdu » celui ou celle que nous avons perdu[14]. L'écriture du deuil se caractérisant en effet par son ambivalence constitutive. Comme l'avance Dominique Rabaté, elle est tout à la fois « arme de mort et [...] puissance de vie, de survie » : dans le livre de deuil, « le mort doit trouver son lieu (celui du non-lieu même de l'espace littéraire) pour être et disparaître ».

LES DISCOURS THANATIQUES

Cette double nature est traditionnellement à l'œuvre dans les discours funéraires : oraison funèbre, sermon sur la mort, tombeau, consolation, épitaphe, planh ou congié[15]. Tous ces genres, entés sur une disparition et une réflexion sur la mort, se situent dans cette dynamique qui simultanément convoque celui dont il est question tout en redisant son absence. Élaborés selon des modalités et des enjeux qui leurs sont propres, ces « dispositifs génériques [...] codés » sont ainsi autant de moyens utilisés pour « littérariser l'expression du deuil[16] ».

Nombreuses sont d'ailleurs, dans l'histoire littéraire française, les œuvres écrites en liaison avec le deuil. On connaît son rôle dans l'impulsion des *Essais* de Montaigne (perte de son ami La Boétie puis de son père) ou dans l'écriture de la « Consolation de M. du Périer sur la mort de sa fille » (1598) que François de Malherbe adresse à son ami. Toute une pensée de la mort comme structure du vivant serait

---

Bernadette Hidalgo-Bachs et Catherine Milkovitch-Rioux (dir.), Clermont-Ferrand, Presses universitaires Blaise Pascal, collection « Littératures », 2014, p. 597.

13 Pierre Fédida, *L'Absence*, Paris, Gallimard, collection « Bibliothèque de l'Inconscient », 1978, p. 69.

14 Dominique Rabaté, « Introduction », *Deuil et littérature*, Pierre Glaudes et Dominique Rabaté (dir.), *op. cit.*, p. 12.

15 Pour plus de détails, voir « Discours funèbres », *Le Dictionnaire du littéraire*, Paul Aron, Denis Saint-Jacques et Alain Viala (dir.), Paris, Presses Universitaires de France, collection « Quadrige », 2002, p. 153-155.

16 Françoise Simonet-Tenant, « L'invention de soi après une crise : le journal de deuil », *Les Intermittences du sujet : Écritures de soi et discontinu*, Sylvie Jouanny et Élisabeth Le Corre (dir.), Rennes, Presses universitaires de Rennes, 2016, p. 96.

ainsi observable dans l'histoire littéraire. Mais le tournant majeur dans cette expression littéraire du deuil est certainement la fin du XVIIIe : les Romantiques vont en effet lui accorder une place de premier ordre, aussi bien dans ses manifestations publiques que littéraires (Philippe Ariès fait au demeurant remonter l'importance de cette « mort de toi » aux Romantiques). Cependant, ce « deuil hystérisé et hyperbolisé[17] » va perdre de sa superbe au cours du XXe dont la deuxième moitié marque une très nette atténuation. Geoffrey Gorer[18] parlera ainsi du « tabou de la mort » (en remplacement du tabou de la sexualité) et de la mise à l'écart du deuil : pour reprendre l'expression devenue célèbre de Philippe Ariès, la période devient celle de la « mort inversée » : « la société a expulsé la mort, sauf celle des hommes d'État[19] ». On pourrait ajouter, quelques décennies plus tard, celle des célébrités (de plus en plus visible et médiatisée) ainsi que la mort fictionnalisée, notamment sous forme télévisuelle et cinématographique (omniprésente sur les écrans[20]). Les deuils privés, en revanche, le seraient de plus en plus. Écartée, la mort intime aurait ainsi été progressivement reléguée dans l'ombre, et le deuil ne relèverait plus que de la sphère privée : « Le mouvement de fond qui nous porte du début du XIXe siècle à aujourd'hui est donc celui d'une intériorisation croissante du deuil de moins en moins ritualisé et socialisé[21] ». Mais l'ordre socioculturel n'est pas forcément celui de la littérature.

---

17 *Ibidem.*

18 Geoffrey Gorer, « The Pornography of Death », *Encounter*, n° 4, 1955, p. 49-52 (« Pornographie de la mort », dans Geoffrey Gorer, *Ni pleurs ni couronnes*, Paris, EPEL, 1995.)

19 Philippe Ariès, *L'Homme devant la mort* [tome 2, Paris, Le Seuil, 1977], Paris, Le Seuil, collection « Points histoire », 1985, p. 270.

20 Damien Le Guay avance que cette omniprésence participe en fait de l'occultation : « l'une des manières de faire disparaître la mort consiste à la rendre visible dans les médias, sur-visible » (Damien Le Guay, « Représentation actuelle de la mort dans nos sociétés : les différents moyens de l'occulter », *Études sur la mort*, vol. 134, n° 2, 2008, p. 115).

21 Françoise Simonet-Tenant, « L'invention de soi après une crise : le journal de deuil », *Les Intermittences du sujet : Écritures de soi et discontinu*, Sylvie Jouanny et Élisabeth Le Corre (dir.), *op. cit.*, p. 92.

ÉCRIRE LE DEUIL AUJOURD'HUI

Il est en effet un lieu où l'expression du deuil s'est installée de manière éclatante au cours des dernières décennies : les étals et vitrines de librairies. La profusion de publications liées au deuil bouleverse en effet les limites entre la sphère privée/intime (celle des conditions d'écriture) et la sphère publique/sociale (celle du livre publié), redéfinissant dès lors la place de la mort et du deuil dans la société, ce qui n'est d'ailleurs pas sans faire écho aux analyses de certains sociologues qui interrogent de façon critique l'idée d'un déni généralisé de la mort[22].

Au cours des dernières décennies, la massivité de ce phénomène éditorial et littéraire a souvent été relevée, parfois évoquée non sans distance par les principaux intéressés, autrement dit les auteurs. « Des livres sur la mort, écrit ainsi Philippe Forest dès sa première publication littéraire en 1997, il en paraît par dizaines tous les mois[23] ». Dix ans plus tard, Marie Darrieussecq note à son tour que « la presse littéraire a[vait] été unanime à remarquer ce [même] phénomène[24] » au sujet de la rentrée littéraire 2007. Plus récemment, en 2019, sur Twitter, une journaliste du *Monde des Livres*, écrivait : « Une dystopie / un récit de deuil / un roman sur les sorcières / une dystopie / un roman sur les sorcières / deux récits de deuil… Faites pas gaffe, j'ouvre mon courrier[25] ». Gentiment taquin, ce tweet est symptomatique de cette tendance éditoriale maintenant ancienne qui commence à s'ancrer dans le paysage littéraire : l'omniprésence de l'écriture du deuil.

Or loin d'être le reflet d'une négativité latente (l'auteur de *Rapport de Police* regrettait que la critique n'en fasse « qu'un signe dépressif, un air du temps voilé de noir »), ces publications participent d'une visibilisation accrue

22 Gaëlle Clavandier, *Sociologie de la mort. Vivre et mourir dans la société contemporaine*, Paris, Armand Colin, 2009 ; Arnaud Esquerre, *Les Os, les cendres et l'État*, Paris, Fayard, 2011 ; Jean-Hugues Déchaux, « Mourir à l'aube du XXIe siècle », *Gérontologie et société*, vol. 25/102, n° 3, 2002, p. 253-268.

23 Philippe Forest, *L'Enfant éternel* [Paris, Gallimard, 1997], Paris, Gallimard, collection « Folio », 1998, p. 191.

24 Marie Darrieussecq, *Rapport de police* [Paris, P.O.L, 2010], Paris, Gallimard, collection « Folio », 2011, p. 177.

25 Raphaëlle Leyris, Twitter, 28 novembre 2019.

de la mort *privée* sur la scène *publique* : une mort libérée de ses oripeaux spectaculaires (les morts fictionnalisées) ou de son aveuglante publicité (les morts médiatisées et/ou médiatiques), toutes relevant d'une proximité distanciée, pour se donner dans la nudité d'une expérience intime, personnelle mais partageable, singulière mais universalisable. Des œuvres qui ne sont pas signes *du* temps mais signes *dans* le temps : des interrogations adressées à soi et aux autres sur les frontières entre permanence et disparition.

POUR UNE DÉFINITION DE L'ÉCRITURE DU DEUIL

La critique littéraire a également constaté l'omniprésence de ces écrits de deuil et s'en est emparée dans une perspective réflexive, cherchant à les faire entrer dans un cadre générique renouvelé (« Allo-autobiographie[26] » pour Béatrice Bloch qui s'interroge sur des textes « motivés par le scandale de la disparition de l'autre ») ou visant à en interroger les frontières avec les genres déjà établis. Barbara Havercroft parle ainsi de « récits de deuil », inscrits « dans les récits de soi [mais dépassant] les seuls confins de l'autobiographie proprement dite[27] » ou – et la tonalité devient encore plus grave –, de « récits de mort[28] ». D'autres comme Alexandre Gefen évoquent « une sorte de sous-genre contemporain du récit mémoriel et du récit traumatique[29] ». Tous insistent en tout cas sur le lien au « je » et aux écrits autobiographiques.

---

26 Béatrice Bloch, « Vers une allo-autobiographie », *Le Roman Français au tournant du XXIe siècle*, Bruno Blanckeman, Marc Dambre et Aline Mura-Brunel (dir.), Paris, Presses de la Sorbonne Nouvelle, collection « Fiction / Non Fiction », 2010, p. 56.

27 Barbara Havercroft, Pascal Michelucci et Pascal Riendeau, « Frontières du roman, limites du romanesque. Introduction », *Le Roman français de l'extrême contemporain. Écritures, engagements, énonciations*, Barbara Havercroft, Pascal Michelucci et Pascal Riendeau (dir.), Québec, éditions Nota bene, collection « Contemporanéités », 2010, p. 16.

28 Barbara Havercroft propose cette formule empruntée à Jacques Drillon pour nommer ces œuvres aux ancrages « autobiographiques ou autofictifs » (« Cette mort-là : l'écriture du deuil chez Camille Laurens », *Le Roman français de l'extrême contemporain. Écritures, engagements, énonciations*, Barbara Havercroft, Pascal Michelucci et Pascal Riendeau (dir.), Québec, éditions Nota bene, collection « Contemporanéités », 2010, p. 320.

29 Alexandre Gefen, *Réparer le monde. La littérature française face au XXIe siècle*, Paris, José Corti, 2017, p. 131.

Car le modèle autobiographique est très certainement – et encore plus s'il s'avère qu'il a les « traces de la Mort pour principe générateur[30] » comme le postulent Jacques Lecarme et Éliane Lecarme-Tabone – celui avec lequel, malgré son obsolescence apparente[31], ces textes résonnent de la façon la plus évidente. On pourrait, en reprenant Philippe Lejeune[32], dire qu'ils sont le « récit (*pas nécessairement*[33]) rétrospectif en prose qu'une personne (*la plupart du temps*) réelle fait de sa propre existence *endeuillée*, lorsqu'elle met l'accent sur sa vie individuelle *et sur celle du disparu* ». On pourrait également emprunter à Philippe Lejeune le système du pacte en proposant ce qui pourrait s'énoncer comme un *pacte d'endeuillement*. Il résiderait dans un contrat implicite entre lecteur et auteur selon lequel ce dernier s'engagerait dans une démarche en liaison avec le deuil, qu'il s'agisse de la situation (« être en deuil / *bereavament* »), des états affectifs traversés (« faire son deuil / *grief* ») et/ou des marques extérieures (« porter le deuil / *mourning* »)[34]. Le modèle autobiographique ne serait ainsi pas la matrice généralisante mais le point d'aimantation[35] d'un ensemble de textes à horizon thanatique (celui de la mort d'autrui), qui gravitent

30 Jacques Lecarme et Éliane Lecarme-Tabone, *L'Autobiographie*, Paris, Armand Colin, collection « U », [1997], 1999, p. 131.

31 Des chercheurs comme Véronique Montémont mettent en avant le fait que « dans le domaine autobiographique, le dernier quart du XXe siècle semble rejeter le modèle du "récit rétrospectif en prose"tel qu'il est défini dans *Le Pacte autobiographique* de Philippe Lejeune » (« Abécédaires de soi », *Les Intermittences du sujet : Écritures de soi et discontinu*, Sylvie Jouanny et Élisabeth Le Corre (dir.), *op. cit.*, *p.* 295.)

32 Philippe Lejeune, *Le Pacte autobiographique*, Paris, Le Seuil, 1975, p. 16. L'autobiographie est le « récit rétrospectif en prose qu'une personne réelle fait de sa propre existence, lorsqu'elle met l'accent sur sa vie individuelle [...] ».

33 C'est le cas du journal, inscrit dans une perspective non rétrospective.

34 Voir Louis-Vincent Thomas, *La Mort*, Paris, Presses Universitaires de France, collection « Que-sais-je ? », 1998. Il rappelle ainsi : « Dans l'expression *être en deuil*, il s'agit de la situation, du statut de quelqu'un qui vient de perdre un être cher. Dans *faire son deuil*, la formule désigne l'ensemble des états affectifs que vit l'endeuillé, c'est ce que les psychanalystes appellent "travail du deuil" au cours duquel le sujet finit par dépasser progressivement la dépression qui l'accable, pour retrouver le goût de vivre. Enfin, *porter le deuil*, c'est signaler son état par marques extérieures socialement imposées et reconnues. Les termes anglais *bereavement*, *grief* et *mourning* rendent compte de ces trois formes », p. 96-97.

35 Ainsi de François Bon, « narrateur distant » de *L'Enterrement* comme le souligne Manet van Montfrans qui relève l'écart entre auteur et narrateur dans ce récit/roman (voir « François Bon et la mécanique de la langue », *L'Écrivain et sa langue : romans d'amour de Marcel Proust à Richard Millet*, Sylviane Coyault (dir.), Clermont-Ferrand, Presses universitaires Blaise Pascal, 2005, p. 161-164).

autour d'un « je » référentiellement avéré, mais parfois masqué[36], et se développent dans l'hybridité de formes renouvelées qui, si elles touchent à l'autofiction et occasionnellement au roman, sont toujours susceptibles d'une lecture à visée autobiographique.

Dans cet « écheveau complexe des "écritures de soi"[37] » pour reprendre l'expression de Dominique Viart et Bruno Vercier – entendu au sens large du terme, le soi et ses éventuels masques/distorsions – il y aurait donc un pôle faisant se rejoindre un « soi » vivant qui résonnerait avec un « toi » disparu, un engagement d'écriture portant sur ce que Vladimir Jankélévitch appelle la mort « en seconde personne » :

> Entre l'anonymat de la troisième personne et la subjectivité tragique de la première, il y a le cas intermédiaire et en quelque sorte privilégié de la DEUXIÈME PERSONNE ; [entre la mort d'autrui, qui est lointaine et indifférente, et la mort-propre, qui est à même notre être,] il y a *la proximité de la mort du proche*[38].

Or, ce qui est particulièrement intéressant dans ces écrits engagés autour du deuil est la nature précise de ce proche disparu.

Au cours du siècle passé, l'écriture du deuil a été essentiellement articulée autour de la disparition des figures *parentales* (dans certains genres même, le journal et l'autobiographie comme le suggère Michel Braud, le « décès précoce du père ou de la mère suscite un rapport de proximité aux morts[39] ») ou *maritales* (selon un héritage que l'on peut faire remonter au XIXe siècle[40]). La mort du conjoint est ainsi source de plusieurs œuvres, se réalisant sous diverses formes : des

---

36 On peut penser à Philippe Forest, dans *Toute la nuit*, roman dans lequel le contrat autobiographique est atténué mais constitue plus une « variation » qu'une « "transposition" du réel en fiction ». Voir Bruno Vercier et Dominique Viart, *La Littérature française au présent* [Paris, Bordas, 2005], Paris, Bordas, collection « La bibliothèque », édition augmentée en 2008, p. 54-55.

37 *Ibid.*, p. 29.

38 Vladimir Jankélévitch, *La Mort* [Paris, Flammarion, 1966], Paris, Flammarion, collection « Champs », 1977, p. 29. Nous soulignons.

39 Michel Braud, « "Ces morts en moi". Le deuil de l'orphelin dans le journal intime », *Écrire le deuil dans les littératures des* XXe-XXe *siècles*, Bernadette Hidalgo-Bachs et Catherine Milkovitch-Rioux (dir.), *op. cit.*, p. 289.

40 « Le XIXe siècle tout entier, qui n'a pas par hasard inventé le cimetière dans sa configuration moderne, semble ainsi voué aux figures du veuf (ou de la veuve) et de l'orphelin » écrit Dominique Rabaté dans son « Introduction », *Deuil et littérature*, Pierre Glaudes et Dominique Rabaté (dir.), *op. cit.*, p. 8.

récits[41] comme *Adieu* (Pierre Pachet), *Lettre à D., histoire d'un amour* (André Gorz), *À présent* (Brigitte Giraud), *Savannah* (Jean Rolin), *Veuf* (Jean-Louis Fournier), *Je suis Jeanne* (Caroline Poiron), *La Première année* (Jean-Michel Espitallier), *Claude* (Nathalie Rheims) ou encore *Les Bouées jaunes* (Serge Toubiana) ; de la poésie[42] avec des œuvres comme *Quelque chose noir* (Jacques Roubaud), *À ce qui n'en finit pas* (Michel Deguy) ou *Peut-être pas immortelle* (Frédéric Boyer). On peut aussi penser au projet autofictionnel de Serge Doubrovsky avec *Le Livre brisé*[43]. Mais de façon très nette et massive, ce sont les livres de deuil consacrés à l'ascendant qui ont prédominé.

Dans cette veine prolifique des écrits consacrés aux figures parentales décédées – le plus souvent anonymes –, certains mettent en scène des personnalités connues, issues de différents milieux : des auteurs comme Roger Nimier (*La Reine du silence* de Marie Nimier), Benoîte Groult (*La Mère morte* de Blandine de Caunes[44]), René Goscinny (*Le Bruit des Clés* d'Anne Goscinny[45]) ; des figures estimées dans leur milieu professionnel comme le juriste François-Xavier Aubry (*Personne* de Gwenaëlle Aubry[46]) ou présentes dans les médias de leur époque comme le juge Boulouque (*Mort d'un silence* de Clémence Boulouque[47]). Dans cette perspective, on pourrait d'ailleurs ajouter Mireille Jospin, connue non seulement pour être la mère d'un ancien Premier ministre, mais également comme militante dans l'Association pour le Droit de Mourir dans la Dignité : *La Dernière leçon* que lui consacre sa fille Noëlle Châtelet pose ainsi le problème de la fin de vie, question dont se saisira à son tour Emmanuèle Bernheim, au sujet de son père cette

41 Pierre Pachet, *Adieu*, Paris, Circé, 2001 ; André Gorz, *Lettre à D., histoire d'un amour*, Paris, Galilée, 2006 ; Brigitte Giraud, *À présent*, Paris, Stock, 2001 ; Jean-Louis Fournier, *Veuf*, Paris, Stock, 2011 ; Jean Rolin, *Savannah*, Paris, P.O.L, 2015 ; Caroline Poiron, *Je suis Jeanne*, Paris, Équateurs, 2018 ; Jean-Michel Espitallier, *La Première année*, Paris, éditions Inculte, 2018 ; Serge Toubiana, *Les Bouées jaunes*, Paris, Stock, 2018.

42 Jacques Roubaud, *Quelque chose noir*, Gallimard, Poésie, 1986 ; Michel Deguy, *À ce qui n'en finit pas*, Le Seuil, collection « La librairie du XXe siècle », 1995 ; Frédéric Boyer, *Peut-être pas immortelle*, P.O.L, 2018.

43 Serge Doubrovsky, *Le Livre brisé*, Paris, Grasset, 1989.

44 Qui est en fait un double livre de deuil : la mère et la fille.

45 Marie Nimier, *La Reine du silence*, Paris, Gallimard, 2004 ; Blandine de Caunes, *La Mère morte*, Paris, Stock, 2020 ; Anne Goscinny, *Le Bruit des clés*, Paris, Nil, collection « Les Affranchis », 2012.

46 Gwenaëlle Aubry, *Personne*, Paris, Mercure de France, 2009.

47 Clémence Boulouque, *Mort d'un silence*, Paris, Gallimard, 2003.

fois, dans *Tout s'est bien passé*[48]. La notoriété est aussi parfois celle des auteurs qui ne sont pas forcément issus du sérail littéraire : si le corpus est majoritairement constitué d'écrivains aujourd'hui littérairement consacrés à l'instar de Pierre Bergounioux ou de François Bon[49], la production se caractérise aussi par la diversité de ses auteurs, allant du milieu artistique (comme Anny Duperey avec *Le Voile noir*) au domaine politique (comme Clémentine Autain avec *Dites-lui que je l'aime*[50]).

Au-delà de ces différences de publicité, somme toute futiles à l'égard de leurs enjeux, tous ces textes qui n'hésitent pas à porter en étendard le défunt perdu (*Une année avec mon père*, Geneviève Brisac ; *La Voix de ma mère*, Bruno Racine ; *Ma mère, cette inconnue*, Philippe Labro ; *Une mère*, Stéphane Audeguy ; *Le Peuple de mon père*, Yaëlle Pachet[51]) s'articulent donc autour d'une même douleur : celle du chagrin engendré par les décès parentaux. Et il serait certainement difficile de dresser, au cours des dernières décennies, une liste exhaustive de ces œuvres aux titres expressifs, qui rappellent fréquemment l'amour (*Chagrin d'aimer* de Geneviève Brisac, *L'Homme qui m'aimait tout bas* d'Éric Fottorino, *Demain sera tendre* de Pauline Perrignon, *Journal d'un amour perdu* d'Éric-Emmanuel Schmitt[52]) et évoquent bien souvent la mort, que ce soit métaphoriquement (*C'est de fatigue que se ferment les yeux des femmes*[53]), métonymiquement (*Comment j'ai vidé la maison de mes parents, Avant que j'oublie*[54]) ou frontalement[55]

48 Noëlle Châtelet, *La Dernière Leçon*, Paris, Le Seuil, 2004 ; Emmanuèle Bernheim, *Tout s'est bien passé*, Paris, Gallimard, 2013.

49 Pierre Bergounioux, *L'Orphelin*, Paris, Gallimard, 1992 ; *La Toussaint*, Paris, Gallimard, 1994 ; François Bon, *Mécanique*, Lagrasse, Verdier, 2001.

50 Anny Duperey, *Le Voile noir*, Paris, Le Seuil, 1982 ; Clémentine Autain, *Dites-lui que je l'aime*, Paris, Grasset, 2017.

51 Geneviève Brisac, *Une année avec mon père*, Paris, éditions de l'Olivier, 2010 ; Bruno Racine, *La Voix de ma mère*, Paris, Gallimard, 2016 ; Philippe Labro, *Ma mère, cette inconnue*, Paris, Gallimard, 2017 ; Stéphane Audeguy, *Une mère*, Paris, Le Seuil, 2017 ; Yaëlle Pachet, *Le Peuple de mon père*, Paris, Fayard, 2019.

52 Éric Fottorino, *L'Homme qui m'aimait tout bas*, Paris, Gallimard, 2009 ; Geneviève Brisac, *Le Chagrin d'aimer*, Paris, Grasset, 2018 ; Pauline Perrignon, *Demain sera tendre*, Paris, Stock, 2017 ; Éric-Emmanuel Schmitt, *Journal d'un amour perdu*, Paris, Albin Michel, 2019.

53 Claire Fourier, *C'est de fatigue que se ferment les yeux des femmes*, Paris, Bartillat, 2002.

54 Lydia Flem, *Comment j'ai vidé la maison de mes parents*, Paris, Le Seuil, 2004 ; Anne Pauly, *Avant que j'oublie*, Lagrasse, Verdier, 2019.

55 On pourra aussi mentionner Hélène Cixous avec *Homère est morte* (Paris, Galilée, 2013). René de Ceccatty écrit à ce sujet : « la référence à celui qui le premier raconta ce voyage, Homère, est dominante jusque dans le livre consacré à la mort d'Ève Klein, *Homère est*

(*Passage de la mère morte*[56]). Parmi celles-ci, certaines sont déjà devenues des classiques, patrimonialisées notamment par l'usage scolaire, comme les déjà anciens *Le Livre de ma mère* d'Albert Cohen[57] et *Une mort très douce* de Simone de Beauvoir[58] ou les beaucoup plus récents *La Place* et *Une femme* d'Annie Ernaux[59]. On peut également penser à la grande fresque plutôt romanesque « Le Livre des morts » de Jean Rouaud[60] dans laquelle prennent place des œuvres articulées autour de la mort du père et de la mère.

Mais au cours des dernières années, le paradigme scriptural du deuil semble avoir évolué en laissant une place majeure à de nouveaux liens : non plus seulement les *ascendants* et le *lien familial*[61], mais les *descendants* et d'autres *liens en synchronie*. Il s'agit, dans ces écrits, d'une reconfiguration ontologique[62] qui ouvre la voie à toutes les relations intersubjectives placées sous le signe de la perte : enfants mais aussi, en dehors de la verticalité propre aux intrications généalogiques, amis, frères et sœurs voire animaux.

Non pas que ces liens endeuillés aient été proscrits jusqu'alors. Ils affleuraient, sous divers régimes d'occultation : discrétion de Modiano (son frère Rudy[63] présent de façon masquée dans *Remise*

---

morte, avec le jeu de mot français sur Ma mère et Homère, ma mère, celle qui raconte, et celle qui voyage chez les morts » (« Écrire au présent, écrire au passé. Réflexions sur la mémoire de l'écriture », *Hélène Cixous. Corollaires d'une écriture*, Marta Segarra (dir.), Vincennes, Presses universitaires de Vincennes, 2019, p. 46).

56 Jean-Claude Perrier, *Passage de la mère morte*, Paris, Stock, 2008.

57 Albert Cohen, *Le Livre de ma mère*, Paris, Gallimard, 1954.

58 Simone de Beauvoir, *Une mort très douce*, Paris, Gallimard, 1964. Dans *Vieillir, dit-elle : une anthropologie littéraire de l'âge* (Seyssel, Champ Vallon, 2014) Martine Boyer-Weinmann écrit même qu'il est devenu la « matrice de tous les récits de deuil de la mère », p. 58.

59 Annie Ernaux, *La Place*, Paris, Gallimard, 1984 ; *Une femme*, Paris, Gallimard, 1987.

60 Jean Rouaud, *Les Champs d'honneur*, Paris, Minuit, 1990 ; *Des hommes illustres*, Paris, Minuit, 1992 ; *Sur la scène comme au ciel*, Paris, Minuit, 1999.

61 Ainsi que, toujours dans le lien familial, les époux/ses.

62 À ce sujet, on lira chez Martine Lussier (*Le Travail de deuil*, Paris, Presses Universitaires de France, collection « Le fil rouge », 2007, p. 196 *sq.*) une analyse portant sur le « deuil comme facteur de stress » en liaison avec la nature du deuil : elle rappelle comment, pour Freud, en 1900, c'était la mort du père qui représentait l'événement le plus important d'une vie d'homme tandis qu'en 1987 le *DSM-III-R* place en première position la mort d'une enfant et le suicide d'un conjoint.

63 Comme le suggère Bruno Blanckeman dans *Lire Patrick Modiano* (Paris, Armand Colin, collection « Écrivains au présent », 2009) : « si l'écrivain se rajeunit, c'est peut-être parce qu'en déplaçant sa date de naissance, il rejoint celle du frère cadet, Rudy, mort à dix ans, auquel les premiers romans sont dédiés ». Il ajoute : « De livre en livre, chez Modiano,

de peine[64] ou très succinctement dans *Un Pedigree*[65]), jeu de miroirs chez Beauvoir (les *Mémoires d'une jeune fille rangée*[66] sont avant tout le tombeau de son amie Zaza), « imaginaire mythifiant[67] » pour Duras (le petit frère caché à la surface de l'œuvre), secret des notes et des archives pour Yourcenar et certains de ses animaux (Monsieur, Valentine[68]). Rare était cependant la présence massive de ces liens pourtant forts. Forts, certes, mais – et ce n'est pas le moindre des détails – dénués de nom.

LES « DEUILS SANS NOMS »

Car s'il existe des dénominations précises pour les enfants ayant perdu leurs parents (« orphelins ») ou les conjoints ayant perdu leur moitié (« veuf/ve »), rien de tel pour un bon nombre d'autres relations. Certains le déplorent, particulièrement les parents ayant perdu un enfant. Colette Guedj le regrette en stigmatisant tout à la fois la faiblesse de la langue et l'aspect contre nature de la perte :

> La langue sait désigner, par un mot très laid, veuf ou veuve, la perte de l'épouse ou de l'époux ; elle sait aussi désigner l'état de l'enfant qui a perdu son père ou sa mère. Autant de séparations cruelles mais qui sont, ou peuvent être, dans l'ordre des choses. Quel mot pour dire la mère qui a perdu son enfant[69] ?

Même constat chez Angélique Villeneuve (« Orpheline d'enfants, ça ne se dit pas » / « Rien dans la langue française ne dit ce que tu

---

l'intime surdétermine ainsi le rapport à l'écriture et les morts saisissent les vivants » (p. 5.)

64 Patrick Modiano, *Remise de peine*, Paris, Le Seuil, 1988.

65 Patrick Modiano, *Un Pedigree*, Paris, Gallimard, 2005.

66 Simone de Beauvoir, *Mémoires d'une jeune fille rangée*, Paris, Gallimard, 1958.

67 Myriam Watthee-Delmotte (dans *Dépasser la mort, L'agir de la littérature*, Arles, Actes Sud, 2019, p. 175-179) fait par exemple de « La mort du jeune aviateur anglais » (Marguerite Duras, *Écrire*, Paris, Gallimard, 1993) la chambre d'écho de son enfant mort né et de son frère disparu.

68 Voir Marguerite Yourcenar, *Sources II*, texte établi et annoté par Élyane Dezon-Jones, présenté par Michèle Sarde, Paris, Gallimard, collection « Les Cahiers de la NRF », 1999, p. 306-314 et 345-349.

69 Colette Guedj, *Le Baiser papillon*, Paris, Jean-Claude Lattès, 1999, p. 54.

es ») ou Sophie Daull (« nous n'avons pas de nom » / « il n'existe pas de mot pour désigner celui ou celle qui a perdu son enfant[70] »)[71]. Certains pères proposent certes des arrangements lexicaux (Michel Rostain en « papa orphelin[72] » ou, cité par Sophie Daull, ce « papa [qui] répond sur un forum [qu'il est] un mort-vivant ») mais ces appellations résonnent comme autant d'accommodements peu satisfaisants et soulignent le vide sémantique d'une situation douloureuse qui ne demande qu'à être nommée.

Si les parents ayant perdu leurs enfants sont certainement ceux qui soulignent le plus abondamment ce déficit de langage, il correspond néanmoins à l'ensemble des endeuillés qui ne s'ancrent pas dans le schéma usuel de reconnaissance sociétale et usent de subterfuges quand le mot attendu n'existe pas. Ainsi d'Olivia de Lamberterie qui commence par expliquer la nature de sa perte qu'aucun mot ne peut synthétiser (« *J'ai perdu mon frère.* Cette expression me semble la plus juste pour parler de toi aujourd'hui[73] ») ou de Jérôme Garcin qui ne peut se désigner que sous le régime de la soustraction (« jumeau sans jumeau[74] »). Tous ces deuils sont ainsi des deuils sans noms dont le récit vient, en quelque sorte, rémunérer l'absence de nomination. À défaut *du* mot, *des* mots.

« Deuils sans noms » donc pour l'ensemble de ces relations brisées qui se réfléchissent dans ces textes de deuil et dont le statut ne bénéficie pas de la même immédiate légitimité que d'autres. Dans une étude importante[75] mais un peu ancienne, Kenneth Doka en avait déjà relevé l'existence sous le terme de « deuils non reconnus » ou « inavouables ». Il en distinguait trois réalisations : ceux relevant de « relations non reconnues » (extraconjugales, homosexuelles, soignants qui s'attachent), ceux relevant de pertes non reconnues (mort-né, avortement, animal)

70 Sophie Daull, *Camille, mon envolée* [Paris, Philippe Rey, 2015], Le Livre de Poche, 2016, p. 85.

71 On pourrait faire une liste assez longue. Citons également les interrogations de Marie-France Rémond (*Son dernier sourire*, Paris, Zulma, 2001, p. 13).

72 Michel Rostain, *Le Fils* [Paris, Oh ! Éditions, 2011], Pocket, 2012, p. 18.

73 Olivia de Lamberterie, *Avec toutes mes sympathies*, Paris, Stock, 2018, p. 9.

74 Jérôme Garcin, *Olivier*, Paris, Gallimard, 2011, p. 145.

75 Voir Kenneth J. Doka, *Disenfranchised grief : Recognizing hidden sorrow*, Lexington, Massachussets, Lexington, 1989.

et les endeuillés non reconnus (les enfants). Si, depuis une trentaine d'années, le contexte socioculturel (cas des relations homosexuelles par exemple) et les avancées de la recherche (cas des enfants[76]) ont fait évoluer les représentations, permettant à certains de ces deuils d'acquérir une légitimité qui ne leur était pas accordée, l'intérêt de cette typologie demeure. Elle souligne qu'on ne peut penser la dualité privé/public sans envisager son corollaire reposant sur le binarisme légitime/illégitime : tous les deuils *reconnus* seraient des deuils *autorisés*. Ne serait donc pas visible ce qui n'est pas légitime. Or, justement, l'absence de visibilité est aussi ce qui renforce l'absence de légitimité. Ce(ux) que nous appellerons les « deuils sans noms » (en convoquant tout à la fois un type de deuil sans réalisation lexicale et son écriture) réactive(nt) certaines de ces relations et participent ainsi d'une légitimation, à comprendre comme accès à la visibilité.

Au cours de notre recherche, les deuils sans noms ont émergé sous la forme de quatre types de relations intersubjectives : deuil de l'enfant, deuil du frère et de la sœur, deuil de l'ami, deuil de l'animal. S'ils sont irrégulièrement représentés, ils relèvent tous de ce même geste d'ancrage dans un réel qui dépasse les frontières admises et les renouvelle.

DEUIL DE L'ENFANT

Scandale ultime en ce qu'il inverse le cours ordinaire de la temporalité, le deuil de l'enfant est d'autant plus retentissant que la mortalité infantile a baissé au cours des siècles. Si Montaigne pouvait par exemple écrire qu'il « avait perdu deux ou trois enfants en bas âge, non sans regret mais sans grande douleur », plus aucun parent ne pourrait aujourd'hui le suivre dans cette assertion, tant cette disparition est synonyme d'une incommensurable injustice, notamment face aux promesses d'une époque où l'espérance de vie est grande, encore plus celle des enfants nés en bonne santé[77]. Jean Allouch, dans *Érotique du deuil au temps de la mort*

76 Voir par exemple Hélène Romano, « L'enfant face à la mort », *Études sur la mort*, vol. 131, nº 1, 2007, p. 95-114.

77 Collin Murray Parkes dans *Le Deuil. Études du deuil chez l'adulte* (*op. cit.*), écrivait par exemple : « On pourrait suggérer qu'auparavant, lorsque la plupart des parents s'attendaient à perdre jusqu'à la moitié de leur progéniture dans la petite enfance, ils acceptaient leurs pertes d'une manière plus facile que nous-mêmes », p. 207.

sèche a d'ailleurs signalé ce glissement du « paradigme du deuil[78] » au milieu des années quatre-vingt-dix en expliquant que le nouveau modèle du deuil n'est effectivement plus celui « de la mort du père, mais celui de la mort de l'enfant ».

La production contemporaine de l'écriture du deuil reflète cette évolution : le deuil de l'enfant est vraisemblablement celui qui est le plus représenté dans notre corpus. Il confirme ce qu'avançaient au début des années 2000 Dominique Viart et Bruno Vercier dans leur exégèse sur la *Littérature au présent* quand ils faisaient de ce nouveau paradigme un des horizons de l'écriture autobiographique[79]. D'autres critiques ont eux aussi confirmé cette hypothèse, par exemple Barbara Havercroft[80] qui rappelait récemment l'importance des récits de mort consacrés aux enfants disparus. Mais elle ne s'arrêtait pas là et évoquait également d'autres deuils dont l'écriture tend à devenir fréquente, notamment celui « de l'ami proche ». Comme nous voudrions le montrer, il est en effet un autre paradigme en voie d'attestation.

DEUIL DE L'AMI(E)

Le deuil amical est sans conteste une des manifestations des « deuils sans noms ». Généralement, la disparition de l'ami n'est pas perçue comme pouvant être aussi douloureuse que celle d'un parent ou d'un enfant. Une très récente étude australienne[81] a ainsi montré non seulement cette moins-value représentative tout en soulignant, *a contrario*, le poids psychique (voire physique ou social) d'une telle perte. La situation contemporaine semble d'ailleurs relativement inédite. Historiquement, en effet, la perte de l'ami a pu s'exprimer sans retenue : ainsi dans

---

78 Jean Allouch, *Érotique du deuil au temps de la mort sèche*, Paris, EPEL éditions, 1995, p. 19 : « le cas paradigmatique du deuil n'est plus aujourd'hui, comme au temps où Freud écrivait la *Traumdeutung*, celui de la mort du père, mais celui de la mort de l'enfant ».

79 Dominique Viart et Bruno Vercier, *La Littérature française au présent*, *op. cit.*, p. 51-52.

80 Barbara Havercroft, « Les traces vivantes de la perte : la poétique du deuil chez Denise Desautels et Laure Adler », *Narrations contemporaines au Québec et en France : regards croisés*, Robert Dion et Andrée Mercier (dir.), Montréal, *Voix et images*, 2010, vol 36, n° 1, p. 79-95.

81 Wai-Man Liu, Liz Forbat et Katrina Anderson, « Death of a close friend : Short and long-term impacts on physical, psychological and social well-being », *PLoS ONE* 14(4), 2019.

l'Antiquité « où les héros manifestaient leur peine[82] », comme Achille « à la mort de son ami Patrocle » ou, pour reprendre une figure déjà convoquée, Montaigne évoquant l'affliction qui était la sienne à la mort de La Boétie[83]. Dans *La Traversée des catastrophes*, Pierre Zaoui, s'interrogeant sur l'amitié et ses ambivalences dans une perspective philosophique, rappelle ainsi la « souffrance » « douloureusement vive » liée à la « mort de l'ami[84] ». Celle-ci prend même une dimension onto-cosmologique chez Jacques Derrida qui, dans l'introduction de *Chaque fois unique, la fin du monde*, évoque la disparition de l'ami et met en avant l'incroyable bouleversement qui s'en origine :

> Ce que je ressens, à la mort de quiconque, et de façon plus intensément irréfutable à la mort de ce qu'on appelle *un proche ou un ami* [...] c'est ceci [...] : la mort de l'autre, non seulement mais surtout si on l'aime, n'annonce pas une absence, une disparition, la fin de *telle* ou *telle* vie, à savoir de la possibilité pour un monde (toujours unique) d'apparaître à tel vivant. La mort déclare chaque fois *la fin du monde en totalité* [...][85].

Or ce cataclysme aux infinies répercussions est aujourd'hui de plus en plus saisi dans des textes qui s'autorisent la confrontation à cette perte aux contours socialement moins nets que les autres. Il s'agit d'aller au-delà de l'aporie engendrée par la mort : « Parler est impossible, écrit Jacques Derrida à propos de son ami Paul de Man, mais se taire le serait aussi, ou s'absenter ou refuser de partager sa tristesse[86] ». Écrire donc, même s'il ne s'agit d'abord que de « quelques mots très simples ».

Les catégorisations n'ont en général d'intérêt qu'à être dépassées et leurs frontières ne sont stimulantes que si elles sont poreuses. Le terme « ami » invite en lui-même à interroger ses contours non seulement en raison de son ambiguïté lexicale[87] mais aussi des réflexions foucaldiennes

82 Patrick Lemoine, *Le Sexe des larmes*, Paris, Robert Laffont, 2002, p. 27.

83 Montaigne, *Sur la mort d'un ami*, texte présenté par France Quéré, Paris, Desclée de Brouwer, collection « Les Carnets DDB », 1995.

84 Pierre Zaoui, *La Traversée des catastrophes* [Paris, Le Seuil, collection « L'ordre philosophique », 2010], Le Seuil, collection « Points Essais », 2013, p. 147.

85 Jacques Derrida, *Chaque fois unique, la fin du monde*, Paris, Galilée, 2003, p. 9.

86 Jacques Derrida, *Mémoires pour Paul de Man*, Paris, Galilée, collection « La philosophie en effet », 1988, p. 15.

87 Voir Sébastien Chauvin et Arnaud Lerch, « IV. Des liens et des familles » *Sociologie de l'homosexualité*, Sébastien Chauvin (dir.), Paris, La Découverte, 2013, p. 65-78.

sur l'amitié[88]. Ainsi de l'expression « mon ami(e) », parfois d'usage pour désigner le/a compagnon/gne homosexuel/le dans une formule visant à ménager le doute identificatoire, au moins à l'oral, dans un jeu de similarité phonique avec la norme hétérosexuelle[89], que ce soit dans la bouche de celui qui est concerné ou dans celle des autres : dans *Nos bonheurs fragiles*, Laurent Fialaix restitue un dialogue dans lequel c'est par ce terme qu'on évoque son compagnon. Sans savoir qu'il est décédé, un restaurateur de sa connaissance lui demande : « Comment vas-tu ? Et ton ami ? On ne le voit plus, comment se fait-il[90] ? ». On pourrait dès lors, par glissement lexical, être tenté de faire entrer dans la catégorie « ami » quelques œuvres qui ne sont pas d'amitié mais d'amour (le terme « ami(e) » est attesté dans ce sens dès le Moyen Âge), celles des deuils dans les relations amoureuses gays.

S'inscrivant historiquement dans le cas des « relations non reconnues » pour reprendre la terminologie de Kenneth Doka, elles ont longtemps occasionné des deuils « inavouables[91] ». Au début des années 1990, Daniel Defert[92] écrivait ainsi : « Plus censurées encore [que le deuil ne l'est socialement] sont les larmes que l'on verse sur un amant homosexuel ou un enfant toxicomane[93] ». Si on ne peut nier trente ans plus tard, comme le souligne Bruno Blanckeman, les changements massifs dans « une France qui, sur le plan des mœurs et de la législation, évolue en intégrant sa propre diversité, de 1982 (alignement de l'âge de la majorité homosexuelle sur la majorité hétérosexuelle) à 2014 (vote du "Mariage pour tous")[94] », on ne peut

88 Michel Foucault, « De l'amitié comme mode de vie » [1981], *Dits et écrits*, Paris, Gallimard, collection « Quarto », vol. II, 2001, p. 982 *sq.*

89 Par exemple, le narrateur de *Eighty-Sixted* (David B. Feinberg) déclare : « j'avais fait semblent d'être hétéro pendant à peu près trois mois, faisant attention de censurer de mon langage tout ce qui pouvait suggérer que j'étais gay, me cachant derrière des syntagmes du genre "mon ami" ». Cité par Joseph Lévy et Alexis Nouss, *Sida-fiction : Essai d'anthropologie romanesque*, Lyon, Presses universitaires de Lyon, 1994, p. 10.

90 Laurent Fialaix, *Nos bonheurs fragiles*, Paris, Melville, Léo Scheer, 2009, p. 142.

91 Yves Ferrarini, « Deuils inavouables : le poids du secret et une estime de soi "abîmée" », *Jusqu'à la mort accompagner la vie*, vol. 121, nº 2, 2015, p. 93-96.

92 Compagnon de Foucault, il est lui-même désigné sous l'appellation « la veuve » dans *À l'ami qui ne m'a pas sauvé la vie* d'Hervé Guibert (Paris, Gallimard, 1990).

93 Cité par Christophe Broqua, « Chapitre 7. Activisme, deuil et politique de la mémoire », *Agir pour ne pas mourir ! Act Up, les homosexuels et le sida*, Christophe Broqua (dir.), Paris, Presses de Sciences Po, 2005, p. 245.

94 Bruno Blanckeman, « En commencer avec Édouard Louis », *Nord'*, vol. 70, nº 2, 2017, p. 154.

parallèlement oublier la persistance de « certains milieux hostiles à l'homosexualité » comme le rappelle par exemple avec force le livre d'Édouard Louis, *En finir avec Eddy Bellegueule*[95]. Certaines œuvres d'endeuillés homosexuels, même si elles ne se dissimulent pas sous le voile d'une relation amicale et assument entièrement la relation, résonnent, parfois en raison de leur époque de publication, dans cet espace des « deuils sans noms ». David Lelait, dans *Poussière d'hommes*, évoque ainsi son statut : « On m'approche timidement, on le suppose, on le devine. Sans mot dire, je suis le veuf, cet inconsolable qu'on ne *nommera pas*[96] ». L'ombre de Nerval accompagne ici celui qui semble ne pouvoir ni vraiment se dire, ni vraiment être dit.

DEUIL DANS LA FRATRIE

La troisième catégorie liée à ces « deuils sans noms » est celle des frères et sœurs. Complexes, les relations fraternelles – que Françoise Héritier institue en « lieu primordial où s'expérimentent l'identité et la différence au sein d'une équivalence : celle du statut partagé d'enfants par rapport aux mêmes parents[97] » – s'inscrivent dans une ambivalence qui est aussi leur force. Le frère ou la sœur est en effet, comme le résume Bernard Brusset, le « semblable trop semblable et le début de l'étranger[98] ». Or c'est justement là, dans ce paradoxe, que se noue l'intensité du deuil : « pourquoi lui, pourquoi elle, cet autre pareil à moi, et pas moi ? » résume René Kaës. Au-delà des différences majeures suscitées par « l'écart d'âge entre le vivant et le mort, leurs places respectives dans la fratrie ou encore l'âge de la vie à laquelle survient la perte », le psychanalyste montre qu'il s'agit à chaque fois d'un « drame qui précipite la mort […] au point de nouage des rapports de vie et de mort, de sexe et de génération, d'amour et de haine[99] ».

---

95 Édouard Louis, *En finir avec Eddy Bellegueule*, Paris, Le Seuil, 2014.

96 David Lelait, *Poussière d'homme*, Paris, éditions Anne Carrière, 2006, p. 25.

97 Françoise Héritier, « Articulations et substances », *L'Homme* [Online], 154-155 | avril-septembre 2000, Online since 04 May 2007, connection on 27 January 2020. URL : http://journals.openedition.org/lhomme/20 ; DOI : 10.4000/lhomme.20 (consulté le 27 janvier 2020)

98 Bernard Brusset, « Le Lien fraternel et la psychanalyse », *Revue française de psychanalyse*, 2008/2, volume 72, p. 577.

99 Rene Kaës, *Le Complexe fraternel*, Paris, Dunod, 2009, p. 163-164.

Évoquant la disparition de son frère[100], Daniel Pennac écrit ainsi que « perd[re] ce compagnon qu'est un frère aîné qui vous a accompagné toute votre vie [est] un deuil très particulier[101] ». Si tous les deuils le sont à l'évidence, l'expression de ce ressenti qui insiste sur la singularité est peut-être moins à comprendre, finalement, comme celle du vécu (il poursuit d'ailleurs avec une évocation relativement doxique du deuil : « J'ai vraiment eu l'impression que la terre s'ouvrait sous mes pieds ») que celle de son expression publique. Une singularité qui serait tout à la fois d'énonciation et d'extériorisation. Dans *Frère du précédent*, essai à ancrage autobiographique, Jean-Bertrand Pontalis souligne en tout cas la façon dont la disparition au sein de la fratrie (ici en raison de l'ambivalence des sentiments) peut trouver à se cristalliser dans une activité d'écriture : « Ce livre-là, il me fallait l'écrire. Absolument. Cela demanderait le temps qu'il faudrait, je pressentais que j'aurais du mal, que j'allais m'atteler à une tâche difficile, laborieuse, que le plaisir ne serait guère au rendez-vous[102] ».

Le deuil dans la fratrie peut même être un deuil par ricochet, par exemple dans le cas des disparitions d'enfants avant la naissance. Annie Ernaux écrit ainsi dans *L'Autre fille* : « Les parents d'un enfant mort ne savent pas ce que leur douleur fait à celui qui est vivant[103] ». Non pas une appropriation du deuil donc, mais un transfert métonymique, dont le poids s'inscrit aussi dans ces relations endeuillées.

DEUIL INTERESPÈCE

La dernière catégorie de ces « deuils sans noms », très timide quantitativement, est certainement celle qui s'articule autour des animaux. Elle s'inscrit dans un cadre contemporain qui revalorise ce lien : non seulement au niveau de la production littéraire (marquée par le « retour en force dans l'imaginaire narratif [de l'animal][104] », devenu un « personnage

100 Daniel Pennac, *Mon frère*, Paris, Gallimard, 2018.

101 « *Mon frère* de Daniel Pennac. Entretien », Site Gallimard. Url : http://www.gallimard.fr/Media/Gallimard/Entretien-ecrit/Entretien-Daniel-Pennac.-Mon-frere/ (source)/187566 (consulté le 31 août 2020)

102 Jean-Bertrand Pontalis, *Frère du précédent*, Paris, Gallimard, 2006, p. 19.

103 Annie Ernaux, *L'Autre Fille*, Paris, Nil, collection « Les Affranchis », 2011, p. 51.

104 Sophie Milcent-Lawson, « Un tournant animal dans la fiction française contemporaine ? », *Pratiques* [En ligne], 181-182 | 2019, mis en ligne le 30 juin 2019, consulté le 17 janvier

légitime, désoublié ») mais aussi au niveau de son approche (on pense à l'essor de la zoopoétique qui étudie « les multiples façons, qu'elles soient descriptives, élogieuses, déplorantes, violentes, invocatrices, prophétiques ou fantasques, qu'ont les écrivaines et écrivains d'évoquer la plasticité des modes d'être et d'agir des bêtes[105] ».

Si les textes littéraires à résonance autobiographique ont parfois, jusqu'à une époque récente, fait part de la disparition des animaux, c'était sur un mode marqué par la discrétion : Annie Ernaux, par exemple, évoquant l'enterrement de sa chatte Kyo dans son jardin durant un été de canicule[106] ou Marguerite Yourcenar pleurant ses chiens dans ses carnets. Deuils intimes mais profonds qui affleurent donc rarement à la surface de la littérature alors même que l'existence du deuil en liaison avec les animaux est attestée par la littérature scientifique[107] et qu'elle est l'objet d'une attention artistique particulière dans certains autres domaines (on peut penser au travail de l'artiste Ross Taylor[108], auteur de bouleversantes photographies de scènes d'euthanasie animale qui ne sont pas sans résonner avec la dynamique des derniers portraits[109]). Mais les résistances ne tombent pas si facilement comme le montre l'épigraphe du livre que Catherine Guillebaud consacre à la mort de son chien : « Peut-on dédier un livre à un chien ? demande-t-elle. Non, lui dit-on. Alors ce livre n'est pour personne[110] ». Si ce corpus animal est plutôt restreint (mais en extension possible[111]), il semble important néanmoins de le mentionner car

2020. URL : http://journals.openedition.org/pratiques/5835 ; DOI : 10.4000/pratiques.5835 (consulté le 31 août 2020)

105 Anne Simon, *Une bête entre les lignes. Essai de zoopoétique*, Marseille, Wildproject, collection « tête nue », 2021, p. 67.

106 Annie Ernaux, *Les Années* [Paris, Gallimard, 2008], Paris, Gallimard, collection « Folio », 2009, p. 247.

107 Ce qui n'est pas récent, on peut remonter par exemple à Kenneth M. G. Keddie, « Pathological mourning after the death of a domestic Pet », *British Journal of Psychiatry*, Volume 131, Issue 1, July 1977, p. 21-25.

108 Dans « Last Moments » (2019), le photographe américain Ross Taylor photographie l'euthanasie d'animaux en présence de leurs propriétaires.

109 Voir par exemple Emmanuelle Héran (dir.), *Le Dernier Portrait*, Paris, Réunion des musées nationaux, 2002.

110 Catherine Guillebaud, *Dernière Caresse* [Paris, Gallimard, 2009], Paris, Gallimard, collection « Folio », 2011, p. 9.

111 Par exemple, début 2020, la parution du *Petit chat est mort* de Xavier de Moulins (Paris, Flammarion, 2020).

il met en jeu, de façon très sensible, les questions liées au deuil[112] et appartient de plein droit aux « deuils sans noms ».

LES « DEUILS SANS NOMS » ET L'ÉCRITURE DU DEUIL

Comme l'ensemble des écrits du deuil, ces « deuils sans noms » sont des textes qui s'originent d'une perte. L'impulsion première en est très certainement, comme le résume Martine Delvaux, un refus : celui de la « loi tacite qui dicte l'effacement de la mort, l'oubli de la douleur et l'accomplissement de ce travail impossible qu'est le deuil[113] ». Loin d'entériner la perte, ces écrits l'accompagnent et la sondent, n'en modifiant pas l'intensité mais le registre dans lequel s'inscrivent les affects. Roland Barthes l'exprime ainsi dans son *Journal de deuil :* « On dit que le deuil, par son travail progressif, efface lentement la douleur ; je ne pouvais, je ne puis le croire ; car, pour moi, le Temps élimine l'émotion de la perte (je ne pleure pas), c'est tout[114] ». Il ne s'agit généralement pas « de *restaurer*, sous une forme ou une autre, les objets aimés perdus[115] », mais bien plutôt d'en assurer une forme de persistance comme le note Laurie Laufer : « l'expérience du deuil serait la constitution d'une empreinte accueillant la trace du disparu, sa trace corporelle et psychique » : « "Perpétuer l'image fugitive[116]" par la représentation, telle serait donc la manifestation paradoxale du deuil[117] ».

Tous les « deuils sans noms » que nous allons explorer relèvent de cette même poétique de l'écriture du deuil en général, dont on peut également signaler certains invariants, qu'ils soient narratifs (passages centrés – selon les cas – sur les pompes funèbres, la cérémonie des

112 On le voit dans « Souris », par Sophie Calle (*Le Monde*, 11 août 2017)

113 Martine Delvaux, *Histoires de fantômes*, Montréal, Presses de l'Université de Montréal, 2005, p. 102.

114 Roland Barthes, *Journal de deuil*, *op. cit.*, p. 118.

115 Gregory Rochlin, cité par Colin Murray Parkes, *Le Deuil. Études du deuil chez l'adulte*, *op. cit.*, p. 138. Nous soulignons.

116 Philippe Ariès, *L'Homme devant la mort*, tome 1, *op. cit.*, p. 170.

117 Laurie Laufer, *L'Énigme du deuil*, Paris, Presses Universitaires de France, 2006, p. 26-27.

obsèques, l'hospitalisation, le retour sur la vie du disparu, l'évocation des derniers moments), cliniques (les étapes de deuil selon Kubbler-Ross par exemple[118]), philosophico-religieux (la vie après la mort, la religion), mémoriels (poids du souvenir, importance du temps partagé) ou psychoaffectifs (l'écriture du deuil comme écriture des sentiments). On peut aussi mentionner l'inscription fréquente dans un registre élégiaque ou tragique même si ce n'est pas toujours le cas (le récent livre d'Anne Pauly[119], dont la dimension comique ne cesse d'affleurer, le prouve). Mais ce que nous voudrions davantage explorer est leur singularité esthétique. Autrement dit, ces deuils sans noms seraient aussi des deuils dont l'écriture renouvelle le genre non seulement au point de vue *référentiel*[120] mais aussi au point de vue *esthétique*.

Le travail poursuivi dans cet essai s'inscrit donc dans les investigations déjà menées autour de l'écriture du deuil[121] et de ses modalités tout en mettant en avant une catégorie – celle des « deuils sans noms » – qu'il tend à définir en interrogeant ses lignes de force, lesquelles sont aussi ses particularités. Quatre chapitres nous permettront ainsi d'entrer dans les rouages de ces « deuils sans noms ».

Dans une première partie, nous nous intéresserons à une des caractéristiques majeures des œuvres composant ce corpus : le choix fait par leurs auteurs d'une écriture adressée. Non que tous les textes soient des lettres adressées aux défunts, mais bien plutôt que l'adresse y joue un rôle premier. Elle permet de convoquer le disparu malgré son absence

118 À la fin des années 60, Elisabeth Kübler-Ross envisage le deuil comme une expérience universelle de l'appréhension de la mort selon cinq étapes : *denial* (déni), *anger* (colère), *bargaining* (marchandage), *depression* (dépression), *acceptance* (acceptation). Voir Élisabeth Kübler-Ross, *On Death and Dying* [1969], Londres, Tavistock/Routledge, 1989.

119 Anne Pauly, *Avant que j'oublie*, *op. cit.*

120 Dans son essai paru en 2018, Michelle Bacholle-Bošković propose une autre approche, plus thématique, en s'intéressant aux modalités de la mort, et plus particulièrement au suicide. Il s'agit, dans son essai, de se consacrer aux « endeuillés après suicide » : *Récits contemporains d'endeuillés après suicide : les cas Fottorino, Vigan, Grimbert, Rahmani, Charneux et Delaume*, Leyde, Brill/Rodopi, 2018.

121 Comme on a pu le voir dans cette introduction au cours de laquelle nous avons convoqué les grands théoriciens du deuil ainsi que les études les plus récentes consacrées à son écriture. Pour notre part, nous avons entamé notre réflexion sur le deuil il y a maintenant une quinzaine d'année au cours d'une thèse de doctorat dont une version remaniée a été publiée en 2006 : *Ma mère, la morte. L'Écriture du deuil chez Yourcenar, Beauvoir, Ernaux* (Paris, Imago, 2006).

et renouvelle les codes d'une écriture du deuil dans laquelle le défunt est généralement convoqué à la troisième personne du singulier, distanciation dont se défient les œuvres étudiées, peut-être parce qu'elles sont elles-mêmes en dehors des normes courantes dans leur relation au deuil.

Après avoir interrogé et analysé la façon dont on parle *au(x)* mort(s), on s'intéressera dans la deuxième partie à la manière dont on parle *du/des* mort(s). Plus précisément, on s'interrogera sur le difficile rapport de ces « deuils sans noms » à la constitution d'une histoire (bien souvent interrompue, si ce n'est à peine commencée) et sur le recours à la fiction qui affleure (en termes esthétiques, éthiques et réflexifs) dans des textes pourtant ancrés dans le réel.

Le troisième chapitre explorera la dimension réflexive de ces œuvres : les « deuils sans noms » sont en effet des textes qui se pensent et se donnent à penser (et même à voir) dans le temps de leur élaboration. La dimension métareflexive y est intense et les œuvres développent une interrogation d'ordre poétique sur ce que l'écriture fait *à* et *avec* le deuil. Nous verrons comment se joue la communion intime du texte et de l'individu endeuillé.

Celui-ci sera envisagé dans son rapport à la communauté au cours du dernier chapitre : les « deuils sans noms » renouvellent-ils le rapport à la communauté[122]? Nous verrons qu'ils redéfinissent les usages en déplaçant les attentes vers d'autres communautés, et notamment celle du livre. Les « deuils sans noms » sont en effet les vecteurs d'une communauté littéraire, dans laquelle l'intertextualité est particulièrement marquée et rénovée.

122 « Happé par le passé, celui qui *porte le deuil* peut vite être soupçonné de complaisance. On lui reprochera son abattement. Quiconque se consacre trop souvent au souci des morts et manifeste son affliction semble s'exclure du commerce social. Il doit donc s'attendre à être menacé d'ostracisme » écrit Dominique Carlat, *Témoins de l'inactuel : quatre écrivains contemporains face au deuil*, Paris, José Corti, 2007, p. 16.

QUEL CORPUS POUR LES « DEUILS SANS NOMS » ?

Le corpus des « deuils sans noms » – tout comme celui des écritures du deuil en général – est en évolution-expansion continuelle. S'il n'est pas évident, comme le dit Marc Dambre, de « se placer à une distance suffisante pour construire [des] découvertes en objet[123] », nous allons néanmoins tenter non seulement « d'en représenter l'espace », mais d'en déterminer les points saillants en terme poétique. Encore faut-il, en amont, interroger la constitution même du territoire investi. Se pose en effet une double question concernant un corpus pour le moins large : celle de sa délimitation temporelle et celle de l'exhaustivité du recensement entrepris.

En ce qui concerne la délimitation temporelle (« irritante » mais « légitime question[124] » qui survient quand on s'aventure dans les chemins du contemporain), nous avons choisi de commencer au milieu des années 1990 qui voient éclore certaines œuvres majeures pour notre corpus comme celles de Christian Bobin, René de Ceccatty, Bernard Chambaz, Colette Guedj, Geneviève Jurgensen, Camille Laurens et Philippe Forest. Mais la majeure partie de notre corpus est constituée d'œuvres publiées dans les deux premières décennies du XXIe siècle, jusqu'au tout début 2020. Le corpus s'étend ainsi sur une trentaine d'années ce qui, sans constituer une périodisation définitive, permet de prendre en considération l'ampleur d'un phénomène qui se poursuit au-delà[125], afin comme le souligne Bruno Blanckeman de « saisir sur le vif les contours, les reliefs et les tendances d'une histoire en train de s'accomplir[126] ».

En ce qui concerne le choix des œuvres retenues, nous avons constitué un corpus volontairement large, depuis les œuvres dites « populaires »

---

123 Mathilde Barraband, « Entretien avec Bruno Blanckeman, Marc Dambre et Alain Viala », *Du « contemporain » à l'université : Usages, configurations, enjeux*, Marie-Odile André et Mathilde Barraband (dir.), Paris, Presses Sorbonne Nouvelle, 2015, p. 38.

124 Lionel Ruffel (dir.), *Qu'est-ce que le contemporain ?*, Nantes, Cécile Defaut, 2010, p. 10 : « irritante et légitime [question] : "le contemporain, c'est à partir de quand exactement ?" ».

125 On peut penser par exemple à Camille de Toledo et son *Thésée, sa nouvelle vie* (Lagrasse, Verdier, 2020) dont l'enquête commence par le récit de la disparition de son frère.

126 Bruno Blanckeman, « Pour une histoire littéraire à *chaud* », *Revue d'histoire littéraire de la France*, vol. 113, n° 3, 2013, p. 559-568.

ou de « grande consommation » jusqu'à celles qui affichent plus clairement leur coefficient de littérature légitimée (en raison de la notoriété de leurs auteurs, de leurs éditeurs ou de leur réception critique et/ou universitaire). C'est évidemment la question de la *littérarité* qui est en jeu ici, parfois moins constitutive que conditionnelle (au sens de Genette[127]) étant donné la variété extrême des œuvres retenues. On essaiera bien sûr de mettre en avant celles qui nous semblent « *remarquables*, c'est-à-dire saillantes par rapport à la production moyenne de son époque, et *marquantes*, c'est-à-dire fonctionnant comme des jalons à partir desquels une séquence culturelle spécifique peut être appréhendée dans son ensemble, qui complétera la connaissance esthétique, intellectuelle et disciplinaire de la littérature[128] ». Mais on gardera à l'horizon la nécessité d'un ancrage épistémologique sensible, en suivant l'idée ernausienne qu'« on reconnaît qu'une œuvre est littéraire par son ampleur, lorsqu'elle nous emmène au-delà, lorsqu'elle ouvre un monde et lorsque le temps, la mort et la vie sont inscrits au cœur même de l'écriture[129] ». Le temps, la mort et la vie, battements intimes de ces « deuils sans noms » auxquels ils donnent rythme et profondeur.

127 Gérard Genette, « Fiction ou diction », *Poétique*, vol. 134, n° 2, 2003, p. 131-139.
128 Bruno Blanckeman, « Pour une histoire littéraire à *chaud* », *op. cit.* Nous soulignons.
129 Annie Ernaux, « La littérature se dissout », propos recueillis par Nicolas Truong, *Le Monde*, le 15 octobre 2016.

PARLER AUX MORTS

Évoquer « l'écriture du deuil », c'est parfois faire remonter à la mémoire des textes issus d'une littérature du deuil qu'on pourrait qualifier de patrimoniale. L'exemple emblématique en serait vraisemblablement « Demain dès l'aube » (1856) de Victor Hugo, appris par cœur – hier et aujourd'hui encore – par d'innombrables cohortes d'élèves. Le poète, on s'en souvient, s'adresse à sa fille Léopoldine, morte noyée à l'âge de dix-neuf ans au cours d'un dramatique accident de barque. De nombreux auteurs contemporains, à leur tour endeuillés, ont fait écho à ce poème dans leurs propres textes de deuil : Jérôme Garcin, Philippe Delaroche, Camille Daull ou encore Philippe Forest y ont ainsi fait référence[1]. La force de ce poème réside en grande partie dans le tutoiement et la puissance d'évocation ainsi suscitée. Dès le deuxième vers surgit en effet ce « tu » qui va hanter le poème non seulement dédié mais surtout *adressé* à la fille tendrement aimée et tragiquement disparue.

Dans *Ostinato*, œuvre interrogeant aussi la perte, notamment celle de l'enfant, Louis-René des Forêts questionne cette pratique de l'adresse : « Pourquoi interpeller qui ne peut plus entendre, et n'a plus de voix pour répondre, pourquoi défier très naïvement l'énorme silence des morts que nul vivant n'a jamais eu la force de rompre[2] ? » Peut-être, pourrait-on avancer en guise d'hypothèse, parce qu'il faut non pas « défier » mais *apprivoiser* « le silence des morts ». Tenter, comme l'écrit Jacques Derrida, de dépasser l'« impossible » et répondre à ce qui est en nous « le désir le plus vivant » : « parler encore [au défunt][3] ».

Parler directement au mort comme le fait Victor Hugo serait ainsi une façon de contrer l'absence, en s'ancrant dans l'intime d'une relation

1 Voir ici même le chapitre consacré à l'intertextualité endeuillée : « Chapitre IV. Communauté(s) endeuillée(s) ? »

2 Louis-René des Forêts, *Ostinato* [1997], Paris, Gallimard, collection « L'Imaginaire », 2010, p. 150.

3 Jacques Derrida, *Mémoires, pour Paul de Man*, Paris, Galilée, collection « La philosophie en effet », 1998, p. 15.

évanouie que l'adresse viserait à restaurer, au moins momentanément[4]. Il ne s'agirait alors pas d'écrire *sur* mais d'écrire *à*[5], manière de susciter la présence – ou *l'illusion* de cette présence, l'endeuillé étant rarement dupe du stratagème consolateur : on peut s'adresser au défunt tout en rappelant justement les conditions matérielles d'une adresse fondamentalement ruinée par l'absence. C'est ce que fait Simone de Beauvoir quand elle écrit à Élisabeth Lacoin[6], un an après son décès : « Zaza. Je ne peux supporter que vous soyez morte, mon amie, oh ! mon amie, mon amie. Vous étiez si pure et si bonne et si aimante[7] ».

Parler au mort donc, dans une perspective qui joue entre réel et fiction, absence et présence, aveuglement consenti et chimère espérée. Dans son livre consacré à la disparition de sa fille Pauline, tout à la fois texte endeuillé et métatexte sur l'écriture du deuil, Philippe Forest formalise cette utopie thanatique en avançant que « ceux qui survivent fabriquent des rituels d'illusion[8] ». Il explique : « Par eux ils convoquent les morts, les rappellent vaguement au monde pour qu'ils les accompagnent sans fin de leur ombre. L'écriture est l'un de ces rituels de dérision ». Si l'on accepte de suivre la proposition de Philippe Forest en considérant l'écriture en général comme un de ces gestes orphiques, on peut avancer que l'écriture *adressée* en est probablement l'expression la plus forte.

Nous verrons dans ce premier chapitre les différentes réalisations de cette pratique de l'adresse[9] qui nous semble particulièrement prégnante

4 Dans le même ordre d'idée, et de références classiques, on peut évoquer certains feuillets de *Pour un tombeau d'Anatole* de Mallarmé, que Myriam Watthee-Delmotte commente dans *Dépasser la mort* (Watthee-Delmotte, *Dépasser la mort, L'agir de la littérature*, Arles, Actes Sud, 2019, p. 30) en relevant « l'interpellation directe du petit mort, pour garder, même illusoirement, c'est-à-dire dans le langage seul, un contact avec lui. Car *dire*, en l'occurrence, c'est *faire* : s'adresser au défunt en tant qu'interlocuteur, c'est faire en sorte qu'il le soit, c'est-à-dire créer une sorte de dialogue virtuel dans lequel le silence lui-même devient signifiant, interactif ».

5 Nadine Trintignant note : « J'aime t'écrire, mais parler de toi… » (Nadine Trintignant, *Ma fille, Marie*, Paris, Fayard, 2003, p. 163)

6 Appelée Élisabeth Mabille dans les *Mémoires d'une jeune fille rangée.*

7 Simone de Beauvoir, *Cahiers de jeunesse, 1926-1930*, Sylvie Le Bon de Beauvoir (éd.), Paris, Gallimard, 2008, p. 848.

8 Philippe Forest, *L'Enfant éternel* [1997], Paris, Gallimard, collection « Folio », 1998, p. 226.

9 En 2011, Dominique Viart soulignait aussi la présence d'une « puissance d'adresse », « explicitement ou non », dans les récits de filiation. Voir Viart Dominique, « Le récit de filiation : “éthique de l'écriture” contre “devoir de mémoire” dans la littérature contemporaine », *Héritage, filiation, transmission : configurations littéraires* (XVIIIe-XXIe), Christian

dans le cas des écritures des « deuils sans noms[10] ». Nous en distinguerons trois, plus une à part. Une première qui est celle des textes dont l'adresse est le moteur principal (journaux, lettres[11]), une deuxième qui est marquée par la dé-formalisation de ce tutoiement (non plus des genres attestés et facilement catégorisables mais des « récits adressés ») et une troisième qui se caractérise par l'apparition ponctuelle de l'adresse. Nous terminerons en nous interrogeant sur les adresses faites à soi-même ou aux disparus que les auteurs n'ont en fait jamais connus et qui constituent ainsi une catégorie à part en raison de leur référentialité déportée.

ÉCRIRE À L'ABSENT(E)
Le journal et la lettre comme gestes premiers

La lettre est très certainement le médium qui, pendant longtemps – l'avènement numérique a changé la donne – fut le moyen textuel choisi pour « abolir l'absence et la distance par le canal de l'écriture[12] ». Elle est par ailleurs une « forme modeste à la portée de tout un chacun[13] ». Peut-être ces deux caractéristiques constituent-elles les raisons de son appropriation par des auteurs qui jusque-là n'avaient pas forcément fait carrière dans les lettres.

La plus emblématique de toutes les œuvres épistolaires est certainement *Nos étoiles ont filé*[14] de la journaliste Anne-Marie Revol. Succès

---

Chelebourg, David Martens et Myriam Watthee (dir.), Louvain, Presses universitaires de Louvain, 2012, p. 209.

10 Même si elle est bien sûr utilisée dans d'autres œuvres dont on peut donner quelques exemples et modalités : de façon partielle dans *Portement de ma mère* (François Emmanuel, Paris, Stock, 2001), discrète dans *Le Livre de ma mère* (Albert Cohen, Paris, Gallimard, 1954) ou essentielle dans *Lambeaux* (Charles Juliet, P.O.L, 1995) et *Lettre à D.* (André Gorz, Paris, Galilée, 2006).

11 On pourrait aussi élargir le champ à la *chanson* et penser par exemple à « L'Aiguille » (1987) de Charles Aznavour, chanson hommage à son fils décédé d'une overdose : « Mon enfant, mon air pur [...] tu ne perpétueras ni mon nom, ni ma race [...] ».

12 Françoise Simonet-Tenant, « Aperçu historique de l'écriture épistolaire : du social à l'intime », *Le Français aujourd'hui*, vol. 147, n° 4, 2004, p. 35.

13 Sans pour autant être un sous-genre, Françoise Simonet-Tenant ajoute en effet qu'elle est également prisée par les grands écrivains.

14 Anne-Marie Revol, *Nos étoiles ont filé*, Paris, Stock, 2010.

populaire couronné en 2011 par le « Grand Prix des Lectrices de *Elle* », le livre a été salué dès sa sortie par la presse, que ce soit *Le Monde* évoquant un « récit parfois difficilement soutenable » qui parvient « à éviter le pathos[15] » ou *Le Figaro* acclamant un « livre extrême et simple, vertigineux de sincérité, de vérité[16] ».

Nos étoiles ont filé est composé des lettres que l'auteure adresse à ses filles Paloma et Pénélope, mortes dans un incendie lors d'un séjour chez leurs grands-parents. Le début du recueil opère comme une reconstruction puisque Anne-Marie Revol s'adresse à elles *avant* leur décès (alors même qu'elle écrit *après* le décès) dans une perspective de compte à rebours funeste. Mais ce léger détour temporel est posé dans son artificialité narrative au début de la première lettre qui commence en soulignant le retour en arrière : « Mes étoiles filantes, Deux jours avant que vous mouriez [...][17] ». Il se poursuit et culmine dans la lettre du 11 août, date du décès : « Mes éphémères, Jamais je n'écrirai de lettre plus longue et plus immonde... ». Cette missive va en effet occuper une vingtaine de pages et revenir sur le drame, heure par heure. Puis le temps de l'énoncé va rejoindre celui de l'énonciation, ce que confirment les allusions à la situation énonciative (« Je vous écris de ») et tout le jeu de références temporelles (« hier, tout à l'heure, demain midi ») qui font coïncider temps de l'écriture et temps du récit.

Autre exemple de cette pratique épistolaire, dans un registre différent (amoureux cette fois), avec les *Lettres à Yves* de Pierre Bergé. L'œuvre permet d'appréhender une autre mise en écriture puisqu'elle s'ancre ici non dans la fiction de lettres antérieures au décès mais dans la réalité d'une lettre initiale qui n'est autre que le discours d'obsèques dans lequel Pierre Bergé s'adressait au disparu. De façon latente, Pierre Bergé renoue ainsi avec le tombeau poétique : célébrant le défunt, il met en avant les qualités d'Yves Saint-Laurent et insiste sur la séparation inéluctable (« Il va falloir se quitter maintenant ») quoique provisoire (« [...] un jour j'irai te rejoindre sous les palmiers marocains ») de ceux qui, au fond, ne se sont « jamais quittés[18] ». L'adresse joue ici son rôle de liaison, manière

15 « "Nos étoiles ont filé", d'Anne-Marie Revol : un deuil interminable », Claire Gatinois, *Le Monde*, 10 novembre 2010.

16 « Mes enfants, mes amours », Patrick Grainville, *Le Figaro*, 14 octobre 2010.

17 Anne-Marie Revol, *Nos étoiles ont filé*, *op. cit.*, p. 13.

18 Pierre Bergé, *Lettres à Yves* [Paris, Gallimard, 2010], Paris, Gallimard, collection « Folio », 2011, p. 18.

de présentifier l'absent, ne serait-ce que de façon éphémère : « C'est la dernière fois que je te parle, la dernière fois que je le peux » pose Bergé au début de son discours. Or, Bergé va dépasser cette impossibilité en s'octroyant une liberté rédemptrice, celle de poursuivre ces échanges épistolaires. Mû par un élan irrépressible dont il mesure néanmoins la vacuité (« [...] pas davantage qu'hier tu ne m'entends aujourd'hui[19] »), il entame une série de lettres qui vont s'étendre sur un peu plus d'un an (tout comme c'était le cas chez Anne-Marie Revol). L'ensemble de ces lettres se caractérise par l'illusion de l'échange, Bergé posant des questions et actualisant son compagnon (« Yves, tu n'es pas fâché, n'est-ce pas, si je t'oblige à te rappeler ces vieux souvenirs[20] ? » / « Yves, mon Yves[21] »), faisant de son destinataire absent le récipiendaire du quotidien qu'il convoque régulièrement au présent, multipliant les tournures propres à susciter l'adhésion (« tu vois Kikou ») tout en soulignant cette absence : « [...] être là et ne rien pouvoir partager avec toi[22] ».

Certes, tout peut sembler opposer ces deux réalisations épistolaires (en termes d'univers, de relations, de liens) mais elles sont exemplaires de cette pratique épistolaire qui permet de faire vivre le défunt au-delà de la mort, et de poursuivre par *l'écrit* ce qui se vivait par la *parole*. On notera la durée de l'échange épistolaire, chaque fois à peine supérieure à une année, comme si le retour de la date anniversaire marquait l'accomplissement d'un cycle temporel et scriptural. Car le recours à la lettre semble appeler le temps long, davantage *les* lettres que *la* lettre.

Plus rares en effet sont les textes adressés qui s'appuient sur une seule lettre[23], comme celle de Nicolas d'Estienne d'Orves (*Je pars à l'entracte*). À bord d'un paquebot, au cours d'une croisière entre Le Havre et New York, l'auteur profite de la traversée pour écrire à l'ami cotoyé durant trente ans, « parti, envolé vers d'autres mondes[24] ». Cependant, le temps du voyage s'éloigne des contraintes calendaires et devient un temps hors temps : écrire dans ces conditions, c'est « être nulle part, suspendu entre

19 Pierre Bergé, *Lettres à Yves*, *op. cit.*, p. 16.

20 *Ibid.*, p. 24.

21 *Ibid.*, p. 61.

22 *Ibid.*, p. 49.

23 Dans certains cas, la contrainte est aussi éditoriale. Voir *infra* dans ce chapitre ce qui concerne la collection « Les Affranchis », Nil.

24 Nicolas d'Estienne d'Orves, *Je pars à l'entracte*, Paris, Nil, collection « Les Affranchis », 2011, p. 12.

deux mondes, dans les limbes de quelque purgatoire[25] ». Autrement dit, la temporalité notée (dates du voyage) constitue seulement les bornes d'écriture, pas celle de l'exploration symbolique, traversée non pas tant de l'Atlantique que des frontières entre la mort et la vie, voyage chez les morts finalement, ainsi que le suggèrent les comparaisons faites.

D'autres œuvres, également succès de librairie (Patrick Chesnais, *Il est où Ferdinand ?*, 2008[26] ; Sophie Daull, *Camille mon envolée*, 2011[27] ; Fabienne Le Clauze, *À Juliette*, 2018[28]), gardent l'esprit de la lettre même si elles se trouvent plutôt réalisées sous le signe du journal[29], plus précisément du « journal de deuil[30] » lequel partage avec la lettre cette focalisation exclusive sur le disparu ainsi que cette présence réitérée de l'interlocuteur : comme le souligne Françoise Simonet-Tenant, « le journal de deuil se fait journal adressé, et le disparu est interpellé à la seconde personne ».

Le livre de Patrick Chesnais illustre parfaitement ce procédé : après un court prologue qui commence par une adresse à son fils et rappelle tout à la fois sa mort et sa naissance, comme s'il fallait donner l'*alpha* et l'*oméga* dès le début (dans une douloureuse inversion chronologique, l'oméga rappelant ici l'alpha puisque la mort est annoncée avant la naissance), Patrick Chesnais entame ce qu'il va appeler son « Journal d'un père orphelin », poussé par un désir latent qui oscille entre « monologue[31] » avéré et possibilité de dialogue : « Tu sais, mon grand, je te raconte ça. Depuis quelque temps tout le monde me dit "Il faut lui parler, peut-être qu'il t'écoute, faut lui parler". Alors je te parle[32] ». Le fil chronologique

---

25 *Ibid.*, p. 9.

26 Patrick Chesnais, *Il est où, Ferdinand ?* [Paris, Éditions Michel Lafon, 2008], Paris, J'ai lu, 2010.

27 Sophie Daull, *Camille, mon envolée* [Paris, Philippe Rey, 2015], Paris, Le Livre de Poche, 2016.

28 Fabienne Le Clauze, *À Juliette*, Paris, Flammarion, 2018.

29 Françoise Simonet-Tenant (*Le Journal intime – genre littéraire et écriture ordinaire*, Condé-sur-Noireau, Téraèdre, 2001, p. 19) en résume les caractéristiques ainsi : « Le journal se présente sous la forme d'un énoncé fragmenté qui épouse le dispositif du calendrier et qui est constitué d'une succession d'"entrées" (une entrée désignant l'ensemble des lignes écrites sous une même date). S'y exprime un je [...], prisme qui réfracte actions, observations, pensée et sentiments ».

30 Voir Françoise Simonet-Tenant, « L'invention de soi après une crise : le journal de deuil », *Les Intermittences du sujet*, Sylvie Jouanny et Élisabeth Le Corre (dir.), Rennes, Presses universitaires de Rennes, 2016, p. 91-100.

31 Patrick Chesnais, *Il est où, Ferdinand ?*, *op. cit.*, p. 27.

32 *Ibid.*, p. 34.

se poursuit tout au long du journal, le « père orphelin » (ainsi qu'il se désigne) égrène ses journées, au rythme de ses déplacements, faisant le point sur la disparition, son fils, leurs relations, sans jamais arrêter de s'adresser à celui dont il est question et dont l'absence ne cesse de peser. Les mois défilent sous les yeux du lecteur, conduisant lentement vers le premier anniversaire de la mort qui constitue la fin de ce journal : du 13 octobre 2006 (« Ce putain de 13 octobre[33] ») au 13 octobre 2007, Patrick Chesnais écrit donc (sur) son fils, faisant du 13 de chaque mois une station particulièrement dense de son calvaire, aimantée par l'heure de la bascule, « 3 h 19 » (« Tu sais bien que tous les 13 de chaque mois, à 3 h 19, je te parlerai[34] »). Le dispositif scriptural est particulièrement simple : la forme du journal est utilisée pour se confronter à la disparition et se heurter à cette présence, accomplir ce qui ne peut qu'entrer en écho avec la rébellion dont parle Freud[35], la tension entre acceptation et refus, la tentation mortifère latente : « Je vais à la recherche de toi, là. J'aime bien te rechercher, c'est plus qu'un but dans la vie, c'est un but dans la mort[36] ».

Que ce soit le journal ou la lettre, les textes ne cessent d'opérer des sauts entre plusieurs temporalités. Temporalité de l'ici-maintenant (celle du deuil), temporalité de l'avant (celle de la vie heureuse, de la maladie – le cas échéant) et celle, bien plus difficile à envisager, de la projection vers le futur. Ce lien à la temporalité est signifié par la précision des dates, dont aucun des textes de ce corpus ne s'abstient : elles sont parties prenantes de ces œuvres qui, au-delà de leurs différences génériques, se retrouvent dans cette double caractéristique d'un discours tout à la fois daté et adressé.

Au cœur des entreprises de deuil, ce jeu de temporalités est parfois exploité formellement : c'est le cas dans *Camille, mon envolée*, texte que

33 *Ibid.*, p. 33.

34 *Ibid.*, p. 136.

35 « En quoi consiste maintenant le travail qu'accomplit le deuil ? Je crois qu'il n'y aura rien de forcé à se le représenter de la façon suivante : l'épreuve de réalité a montré que l'objet aimé n'existe plus et édicte l'exigence de retirer toute la libido des liens qui la retiennent à cet objet. Là contre s'élève une rébellion compréhensible (on peut observer d'une façon générale que l'homme n'abandonne pas volontiers une position libidinale même lorsqu'un substitut lui fait déjà signe). », Sigmund Freud, « Deuil et mélancolie » dans *Métapsychologie* [1917], traduction française Jean Laplanche et Jean-Bertrand Pontalis [Paris, Gallimard, 1968], Paris, Gallimard, collection « Folio », 1986, p. 148.

36 Patrick Chesnais, *Il est où, Ferdinand ?*, *op. cit.*, p. 108.

Sophie Daull consacre à sa fille emportée par une fièvre foudroyante en quatre jours. Deux espaces-temps très nettement identifiés par des modifications typographiques (changement de police) se mêlent très concrètement dans ce journal. L'un part du décès tandis que l'autre y conduit : Sophie Daull alterne en effet ce qu'elle va appeler le « journal de [la] mort » de sa fille et ce qu'on pourrait appeler son propre journal de deuil : « Depuis mon cœur crevé je vais faire ça, raconter ta mort, ta maladie, ton agonie. Du jeudi 19 au lundi 23 décembre ; quatre jours, trois petits tours et puis s'en vont[37] » écrit-elle dans la première entrée de son journal (9 janvier 2014). Même s'ils sont menés concomitamment, deux espaces se distinguent donc, l'un renvoyant à l'ici maintenant de l'endeuillée tandis que l'autre est une plongée dans la temporalité parisienne de la catastrophe. L'auteure la prolonge au-delà de son projet, continuant le journal fictif jusqu'à l'inhumation et se refusant à poursuivre : « Pas au-delà. Pas au-delà de toi sous terre[38] ».

La fortune de ces textes dont le succès se mesure notamment aux rééditions multiples ne dispense pas d'interroger le statut littéraire des œuvres. Le livre d'Anne-Marie Revol, par exemple, s'il est salué par le Prix susmentionné, l'est dans la catégorie « Documents ». Quant à celui de Patrick Chesnais, dont l'existence constitue une parenthèse dans une brillante carrière vouée à la comédie, comment ne pas se demander si son succès n'est pas davantage lié à la notoriété de son auteur qu'à sa profonde littérarité[39] ? Ces textes ne ressortiraient-ils alors que de la simple déposition ? Ce serait aller vite en besogne et ignorer le travail si ce n'est toujours de la langue, au moins de la forme ; ce serait oublier la force d'émotion de ces lettres-journaux qui tient non seulement aux disparus évoqués (bien souvent des enfants ou adolescents fauchés par la mort au moment même où leur vie ne faisait que commencer), aux titres (dont certains suggèrent l'arrachement de l'innocence) mais aussi à l'écho en nous de ce tutoiement qui nous atteint en plein cœur. Car, bien évidemment, la publication de ces textes intimes modifie la

37 Sophie Daull, *Camille, mon envolée*, *op. cit.*, p. 12.

38 *Ibid.*, p. 186.

39 La popularité de l'auteur se pose également concernant Patrick Poivre d'Arvor (*Elle n'était pas d'ici*, Paris, Albin Michel, 1995) ou, par jeu de ricochet, Véronique Poivre d'Arvor (*À Solenn*, Paris, Albin Michel, 2005).

question de la destination : si les lettres et le journal constituent « le premier plan de l'énonciation », « la totalité de l'échange lue ou reçue par un tiers – le public, vous, moi – en constitue en effet le second[40] ». Le lecteur est irrépressiblement appelé, si ce n'est à s'identifier, au moins à partager, en empathie, la souffrance de l'énonciateur[41].

Ces « lettres journaux » qui semblent s'imposer dans le champ des publications contemporaines seraient peut-être le médium d'écriture le plus évident : parce que le deuil est un travail temporel, les auteurs feraient le choix d'une écriture qui s'inscrit dans des genres marqués par la temporalité, profitant de leur rapport quintessentiel à la question du passage et de l'éphémère. Les « lettres journaux » sont aussi des récipiendaires naturels de l'intime, et peut-être le sont-ils encore plus quand l'intime est en crise, « l'épreuve cruciale du deuil[42] » étant certainement « une crise majeure dans une vie ». Mais il est d'autres voies pour « s'adresser », aux contours plus poreux : nombre d'endeuillés s'affranchissent de ce qui peut se donner comme un cadre contenant et rassurant, en donnant à entendre leurs voix adressées, dans une sorte de donation nue. Ce sont les « récits adressés ».

40 Françoise Simonet-Tenant, « Aperçu historique de l'écriture épistolaire : du social à l'intime », *Le Français aujourd'hui*, *op. cit.*, p. 35.

41 Il est cependant un cas très particulier d'orchestration de l'interlocution qui implique le lecteur dès l'origine : *La Disparition* de Geneviève Jurgensen (Paris, Calmann-Levy, 1994 ; réédition Le Livre de Poche, 1995). Face à la difficulté d'écrire (« sous une forme, puis sous l'autre, pendant huit ans. Plus j'écrivais, plus, me semblait-il, je mentais », p. 7), le choix d'une forme adressée s'impose à Geneviève Jurgensen, non une adresse aux disparus comme c'était le cas dans les exemples de ce chapitre, mais une adresse aux vivants : « je sentais chez mes interlocuteurs l'attention s'aiguiser quand j'évoquais mes filles aînées. J'ai fini par écrire à l'un d'eux les lettres qui sont réunies ici ». Geneviève Jurgensen insiste sur l'importance de cette adresse : « il savait qu'à son soutien et ses réactions, à la moindre nuance dans ses commentaires, était suspendue la lettre suivante ». Mais le jeu des adresses est encore plus dense puisque, dans ce cas, l'interlocuteur semi-anonyme, devient archétype et incarne dans le texte tout destinataire possible. Alors que dans les autres œuvres adressées, le « tu » n'est jamais réellement ouvert au lecteur qui ne peut se substituer au destinataire disparu, Geneviève Jurgensen ménage cette capacité de substitution dès l'origine de son projet.

42 François Simonet-Tenant, « L'invention de soi après une crise : le journal de deuil », *Les Intermittences du sujet : Écritures de soi et discontinu*, Sylvie Jouanny et Élisabeth Le Corre (dir.), Rennes, Presses universitaires de Rennes, 2016, p. 91.

TUTOYER L'ABSENCE
Les récits adressés

Cette deuxième catégorie de textes recourant à l'adresse constitue un ensemble référentiellement moins homogène que la catégorie précédente. Si les lettres et journaux adressés sont majoritairement liés à la perte d'enfant, les « récits adressés » ont des destinataires plus variés. Ainsi d'Édouard Levé qui évoque dans *Suicide*[43] celui d'un ami ou de Christian Bobin qui adresse *La Plus que vive*[44] à son amie Ghislaine, de Jérôme Garcin qui parle à son frère Olivier dans le livre éponyme, de Vanessa Schneider qui écrit à sa cousine dans *Tu t'appelais Maria Schneider*[45] ou encore de Laurent Fialaix qui emploie le tutoiement pour convoquer son compagnon dans *Nos Bonheurs fragiles* tout comme David Lelait dans *Poussière d'homme*. L'enfant disparu s'y retrouve néanmoins, avec *Le Baiser Papillon*[46] de Colette Guedj ou encore *Ma fille, Marie*[47] de Nadine Trintignant.

Plus de lien net à la chronologie dans ces textes, ni d'ancrage temporel fort : les retours sur le temps de l'énonciation se raréfient, tout au plus ponctuellement saisis dans une légère allusion au quotidien de l'auteur ou par le biais d'une simple datation finale. Colette Guedj termine ainsi *Le Baiser Papillon* par la référence spatio-temporelle « Les Treilles, le 23 février 1999 », plutôt contingente – elle ne renvoie à rien de particulièrement signifiant dans la perspective du deuil, ni intra textuellement, ni extra textuellement[48]. On retrouve une référence temporelle de ce type chez Jérôme Garcin à la fin d'*Olivier* (« 4 octobre 2009 – 4 octobre 2010[49] »), mais enrichie de la précision du jour d'entrée en écriture, comme une trace de la gestation textuelle, avec une date

43 Édouard Levé, *Suicide* [Paris, P.O.L, 2008], Paris, Gallimard, collection « Folio », 2009.

44 Christian Bobin, *La Plus que vive*, [Paris, Gallimard, 1996], Paris, Gallimard, collection « Folio », 1998.

45 Vanessa Schneider, *Tu t'appelais Maria Schneider*, Paris, Grasset, 2018.

46 Colette Guedj, *Le Baiser papillon*, Paris, Jean-Claude Lattès, 1999.

47 Nadine Trintignant, *Ma fille, Marie*, Paris, Fayard, 2003.

48 L'auteure a été en résidence d'étude à la Fondation Les Treilles pour l'écriture de son livre en 1998 et 1999.

49 Jérôme Garcin, *Olivier*, Paris, Gallimard, 2011, p. 158.

qui au final est sursignifiante puisqu'elle est celle de son anniversaire, laquelle renvoie non seulement à sa naissance mais aussi à celle de son jumeau décédé. Les autres rares précisions temporelles sont ancrées dans le récit du passé, comme autant de points de référence du discours, la date du décès étant certainement celle qui est la plus forte, mentionnée à plusieurs reprises en raison de son caractère fondateur au regard de l'écriture des textes.

Si l'ancrage temporel est mis à l'arrière-plan de ces textes qui jouent de façon kaléidoscopique sur les époques, ils réactualisent systématiquement le destinataire, dès l'amorce. Plusieurs des œuvres composant cette catégorie ont même pour particularité d'apostropher les disparus dans le péritexte : Colette Guedj dans sa préface qui commence de façon très directe (« J'ai mis trois ans à me décider, Muriel, à faire ce livre que je te dois[50] »), Christian Bobin dans ce même discours préfaciel qui débute plus largement par une sorte de *captatio benevolentiae* poético-généraliste (« La mort, comme la vie, a ses ritournelles, ses saisons et ses croissances. [...] Si je me retourne pour te voir dans ta mort débutante Ghislaine[51] ») et Jérôme Garcin, encore plus en amont, par le biais du titre (« [...] ton prénom [...] imprimé, en capitales rouges, sur une couverte blanche ») qui peut se lire tout à la fois comme une désignation mais aussi – tout le récit conduit à autoriser cette lecture – comme une éclatante apostrophe.

Ces trois auteurs, que nous allons étudier plus précisément, se placent donc, par le biais de cette adresse au défunt, dans une relation qui met en jeu la maîtrise de la mort (Colette Guedj), participe de l'acceptation de la séparation (Christian Bobin) et interroge la nature des liens (Jérôme Garcin).

Dans la préface du *Baiser papillon*, Colette Guedj s'inquiète d'un possible cannibalisme égotiste : « je redoutais, et redoute encore, que, parlant de toi et donc aussi de moi, la concurrence entre nous deux ne puisse m'avantager, et que je ne me laisse finalement entraîner à parler plus de moi que de toi ». Mais elle s'empresse de résoudre l'aporie en avançant que leurs deux histoires sont mêlées, la mère et la fille ensemble, et qu'écrire sera finalement « une autre façon de [la] remettre au monde [...] en refaisant [leur] histoire à toutes les deux, par laquelle [elles sont] indissolublement liées[52] ». Le tutoiement permanent qui sous-tend l'œuvre

50 Colette Guedj, *Le Baiser papillon*, *op. cit.*, p. 9.
51 Christian Bobin, *La Plus que vive*, *op. cit.*, p. 9.
52 Colette Guedj, *Le Baiser papillon*, *op. cit.*, p. 10.

sera ainsi un rappel de l'existence passée et disparue, une manière de ressusciter celle à qui référait le « tu », une assertion natale. Écrire pour « remettre au monde » est certes une sorte de stéréotypie de l'écriture du deuil[53], mais elle prend ici d'autant plus sens que toute l'œuvre ne cesse de proclamer le lien entre la mort et la naissance. La proximité entre les deux est initiée par celle des dates de vie de la défunte : Muriel étant née un 19 décembre et morte un 18 décembre, l'auteur souligne la façon dont cohabitent quasiment pour « se court-circuiter, deux événements, l'anniversaire de ta naissance et le jour de ta mort[54] ». Le livre oscille ainsi entre mort et naissance, depuis les premières pages (« Par deux fois, à ta naissance comme à ta mort, tu as brûlé les étapes[55] »), en passant par le rappel du lit parental dans lequel la jeune fille souhaite se reposer (nouveau « berceau[56] ») jusqu'à la chambre de la mourante, dans laquelle la mère exclut toute présence masculine « comme si la mort, à l'instar de la naissance, était une affaire de femmes[57] » – en arrière-plan de cette configuration ce sont les Parques qui font alors leur apparition. Mort et naissance sont ainsi convoquées concomitamment, dans une sorte de tourbillon de dates et d'analogies (« 1939-1993, de la date de ma naissance à celle de ta mort, il y a l'espace de cinquante-quatre ans, moi à vingt-sept ans, je te donnais la vie – toi au même âge, la mort te la reprenait[58] ») que renforce régulièrement une confusion des rôles :

> Nous étions couchées côte à côte et parfois il me semblait que je te préparais à une nouvelle naissance, que j'allais accoucher de toi, que je mettais ta mort au monde ; ou alors que c'était toi, avec ton gros ventre, que la maladie avait fait enfler, qui allais accoucher de moi[59].

Tout, dans ce livre sur la mort, dit la naissance, parce que les deux sont ici intimement liées et que le « tu » convoque la morte pour rejouer la naissance. Dire « tu » à sa fille, s'autoriser dans le secret du cimetière de papier à l'appeler « mon bébé », c'est déjouer une mort pourtant

53 Nous l'avons étudiée dans Pierre-Louis Fort, *Ma mère, la morte, L'Écriture du deuil au féminin chez Yourcenar, Beauvoir et Ernaux*, Paris, Imago, 2006, p. 17 *sq.*
54 Colette Guedj, *Le Baiser papillon*, *op. cit.*, p. 95.
55 *Ibid.*, p. 31.
56 *Ibid.*, p. 51.
57 *Ibid.*, p. 60.
58 *Ibid.*, p. 38.
59 *Ibid.*, p. 57.

acceptée, c'est pouvoir terminer la longue adresse par l'assertion d'une union continuée : « Je sais maintenant que tu ne m'as jamais quittée, pas plus que nous ne nous quitterons un jour, Muriel, toi l'enfant que je n'ai pas perdue[60] ».

La relation à la perte est radicalement différente chez Christian Bobin quand il s'adresse à Ghislaine dans ce qu'il présente comme un « petit jardin d'encre » : la toute fin du récit se conclut en effet par la sérénité d'une perte acceptée (« C'est entendu, Ghislaine, c'est entendu : je continuerai à bénir cette vie où tu n'es plus[61] »). Le verbe « entendre » est ici à saisir comme « comprendre » bien sûr mais aussi, au sens premier, comme « ouïr » : Bobin en donne la clé quelques pages en amont en disant qu'il faut « peut-être moins [...] parler [aux morts que] les entendre », ces morts qui n'ont qu'une « chose à nous dire : vivez encore, toujours, vivez de plus en plus, surtout ne vous faites pas de mal et ne perdez pas le rire ». Or si Bobin a entendu Ghislaine et accepte de se taire, c'est qu'il a beaucoup parlé. Tout le livre, qui multiplie les adresses à Ghislaine – surtout sur la fin – est conçu comme une parole. Quelle parole ? Une parole d'amour au présent (« Je t'aime – cette parole est la plus mystérieuse qui soit, la seule digne d'être commentée pendant des siècles », « Je t'aime Ghislaine, il est hors de question de mettre cette parole à l'imparfait[62] »). Une parole inextinguible (« Je te parle à voix basse, je te parle à voix folle [...] rien ni personne jamais ne m'en empêchera[63] »). Une parole qui fait écho à celle qui était parole[64], et à qui il n'était pas possible de ne pas parler[65]. Une parole qui, suffisamment pleine et donnée, suffisamment réassurée et ouverte à l'écoute, peut s'évanouir : « Je me sens souriant à l'heure de quitter ce livre. Il y a un temps pour parler et un temps pour se taire[66] ». On notera la discrète référence à l'Ecclésiaste (3, 7) qui annonce le silence à venir et préfigure l'achèvement de l'œuvre.

Si chez Christian Bobin et Colette Guedj, le « tu » apparaît quasi immédiatement – dès les premières lignes – il survient seulement dans

60 *Ibid.*, p. 23.
61 Christian Bobin, *La Plus que vive*, *op. cit.*, p. 110.
62 *Ibid.*, p. 14.
63 *Ibid.*, p. 32.
64 *Ibid.*, p. 35, p. 47.
65 *Ibid.*, p. 101.
66 *Ibid.*, p. 110.

le deuxième paragraphe chez Jérôme Garcin, après un « je » liminaire auquel se substitue quasi instantanément un « nous » (« Je viens d'avoir cinquante-trois ans ; nous venons d'avoir cinquante-trois ans[67] ») anticipant l'autre à venir dont la réalisation dans l'autonomie d'un « tu » ne sera que seconde. Le « nous » est en effet premier voire primitif, car il est celui de la dyade formée avec le jumeau disparu (l'auteur reviendra sur cette unité ontologique et organique qui, comme le dit un gémellologue qu'il cite, peut engendrer lors de la disparition de l'un des deux « un traumatisme énorme », « comme une amputation d'un de ses membres[68] »). Jérôme Garcin voit dans ce texte une manière de prolonger l'univers détruit, celui dans lequel la porosité entre les jumeaux est telle qu'ils sont dans une relation magique dont le narrateur ne peut que déplorer la perte : « Quand tu es mort, j'ai perdu avec toi ce verbe mystérieux qui nous unissait[69] ». Écrire, c'est donc se confronter à cette « imposture » qu'est de « survivre à son frère jumeau[70] » et que pose la question de l'un et/ou de l'autre : « Pourquoi moi, et pas toi[71] ? ». L'ensemble du texte est ainsi examiné au regard de son enjeu fondamental : se confronter à la perte de celui qui demeure doublement, en raison de la gémellité première, tout à la fois en tant qu'incorporé et en tant qu'horizon herméneutique : « Pourquoi n'ai-je pas cherché à en savoir davantage sur moi, sur toi et moi, sur toi *en* moi[72] ? ».

La dimension métatextuelle du texte est effectivement marquée et l'adresse est interrogée tout en étant pratiquée : mieux, c'est à son frère que Jérôme Garcin expose la difficulté de ce « texte que, non sans mal, [il] essaie d'écrire[73] » et dont il n'est fondamentalement pas dupe : « *comme si* c'était la chose la plus naturelle du monde[74] ». La nature même du texte est ainsi questionnée : de quoi s'agit-il exactement ? À plusieurs reprises, le terme léger de « conversation[75] » est employé ainsi que celui

67 Jérôme Garcin, *Olivier*, *op. cit.*, p. 11.

68 *Ibid.*, p. 92.

69 *Ibid.*, p. 108.

70 *Ibid.*, p. 22.

71 Jérôme Garcin multiplie les jeux sur la proximité pronominale entre « toi » et « moi » tout au long du récit : « Manière de parler *de toi et de moi* » / « ignorent tout de moi. *De toi et de moi* » (Jérôme Garcin, *Olivier*, *op. cit.*, p. 99). Nous soulignons.

72 *Ibid.*, p. 37.

73 *Ibid.*, p. 73.

74 *Ibid.*, p. 75, nous soulignons.

75 *Ibid.*, p. 38, 54, 57, 109.

plus formel (mais tout aussi inexact) de « dialogue[76] », réaffirmant la force et l'importance du tutoiement. Mais Jérôme Garcin a conscience de s'être lancé dans une entreprise bien plus audacieuse : « Étrange exercice que celui auquel, depuis quatre mois, je me plie, dans tous les sens du terme. Il tient à la fois de l'apostrophe, de l'invocation et de la prière[77] ». Voguant entre différents types de discours adressé à autrui, les convoquant tous pour mieux les dépasser, l'écriture est finalement moins envisagée par rapport à une forme arrêtée que dans la perspective de sa fonction incantatoire.

La problématique ultime pour Jérôme Garcin est celle de la publicité car l'écriture éditée vient fixer ce qui jusque-là n'avait lieu que dans la fugacité de l'instant et l'intimité : « pour la première fois je m'adresse publiquement et directement à toi, Olivier[78] ». Et Jérôme Garcin de se demander, dans un clin d'œil à Chateaubriand : « Que peut-on vraiment comprendre à ce dialogue d'outre-tombe, qui est ma part intime[79]? »

Ces « dialogues d'outre-tombe » inversés que sont ces récits adressés permettent surtout, si ce n'est de déjouer, tout du moins de jouer avec l'absence. Voire davantage : de *la faire jouer*. La faire jouer en la faisant résonner dans un espace qui la transcenderait textuellement en son contraire : une présence qui s'avère et s'évapore néanmoins au fur et à mesure qu'elle s'énonce.

LES INTERMITTENCES DU TEXTE
Résurgences de l'adresse

Si cette omniprésence du « tu » est une caractéristique de nombreux écrits récents du deuil, d'autres y recourent de façon plus parcimonieuse. Il s'agit de textes qui font le choix initial d'une utilisation de la troisième personne – le disparu n'est plus celui à qui le scripteur s'adresse en première intention, il est celui dont on parle –, sans s'interdire le recours

76 *Ibid.*, p. 109.
77 *Ibid.*, p. 54.
78 *Ibidem.*
79 *Ibid.*, p. 105.

à l'adresse. Elle constitue parfois un *hapax* dans l'œuvre, comme chez Philippe Le Guillou[80], au moment de l'achèvement du récit, manière de retenir un dernier instant la disparue, ou encore chez Hélène Cixous qui écrit une lettre à son fils au milieu d'un texte qu'habite surtout son absence[81]. Mais au-delà de ces convocations ponctuelles, c'est souvent un espace mixte qui se met en place, dans lequel se mêlent tout à la fois le tutoiement et la convocation à la troisième personne.

Parfois le dispositif est très clairement identifiable, comme chez Didier Pourquery. Dans *L'Été d'Agathe*[82], il relate sous la forme d'un journal rétrospectivement écrit (du 21 juin au 28 août 2007) les derniers mois de sa fille qui succombe à la maladie (mucoviscidose) après une deuxième greffe et « toute une vie de combat ». À l'intérieur de chaque entrée du journal, il ménage des espaces d'adresse, très clairement identifiables par l'emploi de l'italique. La dernière entrée déroge au protocole d'écriture puisqu'elle est entièrement constituée par une lettre dont la destinataire est Agathe, manière de parler une dernière fois à sa fille après avoir relaté les obsèques dans l'entrée précédente : le temps n'est plus au récit et à l'événementiel, il est à l'ultime déclaration d'amour que l'auteur adresse à sa fille et qui éclate dans le « Je t'aime » final.

La plupart du temps, cependant, l'adresse est moins systématisée. Pas de dispositif clairement établi mais des retours plus circonstanciés du tutoiement, comme Olivia de Lamberterie dans son récent *Avec toutes mes sympathies* qui interpelle de temps en temps le petit frère suicidé ou Guillaume de Fonclare[83] questionnant l'ami qui s'est défenestré. Parmi ces œuvres où l'adresse est donc orchestrée de façon moins évidente, celles de Pierre Jourde, Philippe Forest ou encore Camille Laurens se distinguent et permettent d'observer des variations particulièrement intéressantes du recours à l'adresse.

80 « [...] c'était cette langue intime, transparente, inaccessible sans doute dont je rêvais ma grande au moment de rendre grâce et témoignage, de dire notre longue traversée de presque vingt ans, cette langue universelle et vertigineuse que seuls entendent ceux qui ont aimé, parce que, malgré le trou noir et l'épreuve, malgré le mal, le feu et la tempête, rien jamais ne serait perdu » (Philippe Le Guillou, *Fleurs de tempête*, Paris, Gallimard, 2008, p. 162)

81 Hélène Cixous, *Le Jour où je n'étais pas là*, Paris, Galilée, 2000, p. 70. Même procédé chez Bérengère de Bodinat, *Les Anges ne meurent jamais* [Paris, Flammarion, 2015], « J'ai lu », 2016, p. 212-213.

82 Didier Pourquery, *L'Été d'Agathe*, Paris, Grasset, 2016.

83 Dans un livre où tutoiement est présent dès le titre : *Dans tes pas* (Paris, Stock, 2013).

Dans *Philippe*[84] de Camille Laurens, le tutoiement, est relativement rare[85]. Il survient néanmoins à plusieurs reprises et notamment à deux endroits stratégiques de l'économie narrative : *incipit* et *explicit*. Dès le quatrième paragraphe, le « tu » surgit en effet, non sans tension avec la troisième personne :

> Son visage était bleu, tuméfié – visage de martyr qui respirait à la fois, aussi absolues, la connaissance et l'innocence. Philippe, né à 13 h 10, mort à 15 h 20, tu as eu deux heures pour accomplir ta vie d'homme, en faire le tour[86].

Le tutoiement va ensuite disparaître quasi totalement pour ne vraiment réapparaître que dans le dernier paragraphe du livre qui se fait tout à la fois parole d'amour et explication métaréflexive : « J'écris pour desserrer cette douleur d'amour, je t'aime, Philippe, je t'aime ». Puis le disparu sera de nouveau renvoyé à la troisième personne au cours de l'ultime phrase, manière d'écho inversé avec le début. Seule la parole adressée permet ainsi de donner vie à celui qui n'en a pas vraiment eu, dans un parallélisme d'action qui joue sur les sonorités (« [...] je crie pour que tu cris, j'écris pour que tu vives ») afin de faire advenir ce qui n'a pas ou quasiment pas eu lieu : la vie du bébé. Avec *Philippe*, l'écriture de Camille Laurens se fait ponctuellement performative pour que revienne à la vie celui qui, fondamentalement, n'a fait qu'y passer. Les seuils du texte lui permettant d'être, brièvement, celui à qui on parle, une manière de le « tirer du néant[87] ».

Cette présence du tutoiement initial et final se retrouve dans d'autres œuvres, comme *Winter is coming*[88] de Pierre Jourde. Revenant sur la mort de son fils de vingt ans, l'auteur commence et termine en effet son entreprise en s'adressant directement à celui qui est décédé, dans un texte qui lui est entièrement consacré, depuis la dédicace initiale : « À toi Gazou ». Tout le récit va mêler intimement le Gabriel dont il

---

84 Camille Laurens, *Philippe*, Paris, P.O.L, 1995.

85 Voir par exemple p. 14, 25, 38. On lira à ce sujet les analyses de Barbara Havercroft dans « Cette mort-là : l'écriture du deuil chez Camille Laurens » (*Le Roman français de l'extrême contemporain. Écritures, engagements, énonciations*, Barbara Havercroft, Pascal Michelucci et Pascal Riendeau (dir.), Québec, éditions Nota bene, collection « Contemporanéités », 2010, p. 326) qui en fait une des « composante(s) de la rhétorique du deuil chez Camille Laurens ».

86 Camille Laurens, *Philippe*, *op. cit.*, p. 14.

87 *Ibid.*, p. 75.

88 Pierre Jourde, *Winter is coming*, Paris, Gallimard, 2017.

sera question, à la troisième personne, et le Gabriel à qui son père parle, à la deuxième personne, que ce soit dans le présent de l'écriture, dans le passé de la maladie ou dans celui de la mort déjà advenue. Un des passages recourant à la deuxième personne condense d'ailleurs le vertige des temporalités agrégées au « tu » : « Dire, dans l'église de Créteil, pendant la cérémonie de tes obsèques, que rien ne pourra empêcher que tu aies été. Et que, par conséquent, tu es encore. Osciller pour toujours entre ces deux pensées[89] ». Osciller également, dans le secret de ce texte, entre l'absence véhiculée par l'emploi du pronom « il » et la présence suscitée par le « tu », la tension dialectique entre *être* et *n'être plus*, dans toute sa paradoxale efficience : « C'est ta mort qui nous renvoie au miracle que tu étais, il faut ton absence pour que ta présence nous saisisse, nous prenne à la gorge, nous étrangle parce qu'elle n'est plus que l'accomplissement de ton absence éternelle[90] ». Si ce « tu », finalement, sert à dire l'absence plus que la présence, Pierre Jourde le suspend parfois par l'emploi d'un « on » qui unit le fils et le père dans le combat commun, brouillant momentanément les frontières entre le « je » du (sur)vivant et le « tu » de celui qui est conduit à disparaître. Dans la toute fin du livre, c'est encore le « tu » qui est utilisé pour raconter les ultimes étapes de l'agonie. Mais l'adresse s'affaiblit, passant du pronom personnel au déterminant possessif. Avec la mort du fils, c'est l'adresse même qui s'atténue :

> Tout à coup tu te redresses, yeux grands ouverts. Qu'est-ce que tu as vu ? [...] Et puis, après une dernière inspiration, ta tête retombe sur l'oreiller, inclinée sur l'épaule gauche. [...] Ta tête se relève encore, et retombe. [...] Ta tête se redresse et retombe une troisième fois[91].

L'unité se morcelle donc, on passe du tout (lié au « tu ») à la partie (désignée par le déterminant possessif « ta ») : la fin de l'œuvre qui raconte la mort et la séparation, la rejoue ou, tout du moins, en mime l'essentiel dans l'éloignement linguistique qui répète la séparation physique.

Tout comme Camille Laurens qui, on l'a vu, entendait tirer du néant Philippe, Pierre Jourde veut initialement « ranimer à nouveau[92] »

89 *Ibid.*, p. 122.
90 *Ibid.*, p. 136.
91 *Ibid.*, p. 158.
92 *Ibid.*, p. 27.

celui qui a « été en vie », construisant ce même rempart de mots contre l'oubli menaçant (« peu de choses en gardent encore trace »). Le « tu » est donc une stratégie de combat contre ce néant. Sans avoir besoin de le rendre omniprésent, les récits de Camille Laurens et de Pierre Jourde lui ménagent donc une place pour susciter la présence de celui qui n'en a plus. Comme si ces textes de deuils étaient engagés dans un processus dont l'issue les dépassait, s'autorisant un retour d'autrui qui se fait ponctuellement, adresse qui se transmue en secours du récit et de l'âme.

Philippe Forest, le troisième auteur dont nous voulions examiner plus précisément l'œuvre, s'ancre apparemment dans ce même processus. La mort de sa fille Pauline le conduit à écrire un premier livre, *L'Enfant éternel*. Dès le chapitre liminaire, il semble s'adresser à sa fille disparue, dans une sorte d'imploration : « Laisse-moi te dire à nouveau les mots par où commençaient nos histoires[93] ». Le narrateur poursuit son entreprise en dégradant la teneur de ces histoires : non plus des contes *de fées* mais des contes *de vrai*, axiologiquement (« la vraie vie est douce aux ogres plus qu'aux enfants ») et narrativement inversés (« notre histoire [...] commence par la fin : ils étaient mariés, ils vivaient heureux, ils avaient une enfant... »). Cette timide et inquiétante adresse laisse place à un récit qui se développe à la première personne. Quelques rares appels directs à cette auditrice parsèment le texte, mais adressés à la petite fille vivante qu'elle était, lors de l'évocation de sa naissance (« Absous nous, petite fille, qui prend place dans notre monde de terreur et d'ennui[94] »), des lectures partagées[95], ou des restitutions de dialogues entre l'enfant et son père. Pour autant, la deuxième personne se développe dans le texte, mais sous une double forme décalée : celle, tout d'abord, d'un « vous » qui n'est autre, en fait, qu'une objectivation du narrateur, par exemple avec ce regard porté sur lui-même pendant la maladie (« Pourtant, vous n'êtes pas dans la tragédie. Vous êtes dans la vie et ce sont les autres qui nomment votre vie : tragédie[96] ») ; celle, ensuite, d'une adresse au lecteur dont il demande l'adhésion à travers des injonctions à l'adhésion (« Croyez[97] »). Peu d'adresses à l'enfant donc

93 Philippe Forest, *L'Enfant éternel* [Paris, Gallimard, 1997], Paris, Gallimard, collection « Folio », 1998, p. 14.

94 *Ibid.*, p. 35.

95 *Ibid.*, p. 63.

96 *Ibid.*, p. 267.

97 *Ibid.*, p. 136, 169, 246.

dans ce discours de deuil ? Le penser serait une erreur car la clé, latente dans l'*incipit*, en est donnée de façon explicite au cœur du récit : « [...] j'improvise un récit. Je le murmure à l'oreille d'une petite fille perdue. Pour qu'elle ne nous quitte pas, je la prends au piège [...][98] ». L'ensemble du texte peut donc se lire comme une sorte de récit adressé sans les marques de ladite adresse : *L'Enfant éternel* est ce récit dans lequel le narrateur s'adresse à sa fille, de façon masquée. Pas besoin des marques explicites de convocation de l'absente puisqu'elle l'est. Il s'agit de rester dans cet univers imaginaire qui est convoqué à l'attaque du texte et qui se transmue en hallucination dirigée.

Que ce soit Philippe Forest, Camille Laurens, Pierre Jourde ou Didier Pourquery, les choix narratifs qui orchestrent l'œuvre montrent un jeu entre présence et absence que réduplique en fait l'alternance entre pa(ssa)ges adressé(e)s et pa(ssa)ges à la troisième personne. Il ne s'agit pas de rêver ou d'halluciner une présence disparue mais de jouer avec cette absence apparue pour tenter de la saisir. Ces (brefs) retours à l'adresse s'inscrivent ainsi dans une esthétique qui est aussi une manière de se confronter à la disparition, dans un rapport au deuil qui oscille entre hier, aujourd'hui et demain, entre présence, absence et horizon d'une absente présence.

LES FICTIONS DU « TU » ?

Si le « tu » renvoie généralement au/à la disparu/e et que la simple existence même de cette adresse, alors qu'il/elle est mort/e, relève d'une forme de fiction, nous réserverons l'appellation « fiction du “tu” » aux récits dont le « tu » n'a pour celui qui le sollicite d'autre existence réelle que scripturale : autrement dit, un « tu » qui, dans le cours de l'existence passée, ne s'est jamais réellement actualisé, malgré son existence attestée. Deux formes en sont immédiatement discernables dans les corpus constitués par ces « deuils sans noms » : le « tu » qui s'origine d'un détournement ontologique et le « tu » qui participe d'un

98 *Ibid.*, p. 152.

détournement d'ordre chronologique. Le premier est celui qui se joue dans *Nuit de septembre* d'Angélique Villeneuve, le deuxième dans *L'Autre fille* d'Annie Ernaux.

Dans *Nuit de Septembre*, Angélique Villeneuve fait le choix de s'adresser à *elle-même* dans ce qui se donne comme un long monologue endeuillé. Le « tu » participe donc d'une manière de fiction : il est un « tu » suscité pour masquer le « je », une manière d'objectiver la douleur en se faisant tout à la fois sujet (latent) et objet (explicite). Le lecteur comprend bien vite, dès l'*incipit* de ce récit, que la narratrice et la narrataire ne sont qu'une seule et même personne endeuillée qui s'écrit à elle-même. Les enjeux du texte sont au demeurant suggérés dès le début : les raisons de la « douleur » sont révélées à l'issue d'un bref et fulgurant premier chapitre (« Tu as perdu ton fils il y a quelques semaines. Une nuit, il s'est tué dans sa chambre, au premier étage de votre maison. Au matin à huit heures, avec son père tu l'as trouvé[99] ») Tout le texte vise ainsi à développer le deuil sous le masque de la deuxième personne, ce travail de deuil qui, comme le note la narratrice, l'« emploie à plein temps, cent soixante-huit heures par semaine pour un salaire de misère[100] ». Néanmoins, un deuxième « tu » surgit par le biais de ce premier « tu », comme si le disparu devait toujours être sujet d'une adresse dans les textes de deuil. La narratrice se remémore en effet certains moments essentiels de son chemin de deuil, comme la cérémonie des obsèques au cours de laquelle elle va s'adresser directement à son fils, le texte disséminant lentement – en rappelant la difficulté de l'énonciation dans ces funèbres circonstances – les phrases du discours funéraire : « Je t'ai pour fils, je t'ai pour toute ma vie / J'ai toi / J'ai ce que tu m'as donné. Je l'ai[101] ». Discours de « l'avoir » donc au moment de la dépossession mais discours adressé, qui l'espace d'un instant ressuscite le « tu » de l'adresse au disparu au sein d'un texte qui ne lui est pas adressé. Un deuxième temps est consacré à la question de l'adresse au disparu, bref passage centré sur les « choses belles » qui s'ouvre par le discours tenu (« À voix basse, tu lui parles. Tu lui parles de temps en temps. Tu lui demandes s'il se souvient de ça quand tu vois des choses belles ») et se clôt de façon similaire : « Tu lui demandes et redemandes s'il se souvient

99 Angélique Villeneuve, *Nuit de septembre*, Paris, Grasset, 2016, p. 9.
100 *Ibid.*, p. 53.
101 *Ibid.*, p. 15-18.

de ça quand tu vois des choses belles[102] ». Le discours tenu à soi-même se soutient donc aussi de celui tenu au défunt, présent de biais, au sein d'un texte qui ne lui est pas adressé mais qui le fait résonner tout entièrement.

Si Angélique Villeneuve, dans ce jeu d'adresses, s'autorise le tutoiement adressé au défunt (de biais donc) c'est un tutoiement qui relève d'une réalité antérieure et attestée : mère et fils ont cheminé ensemble. Il en va tout autrement chez Annie Ernaux dans *L'Autre fille*. Le discours est adressé à une disparue que l'auteure n'a jamais connue. De la *fiction* du « tu » en tant que « je » masqué on passe ici à la *fiction* du « tu » en tant qu'altérité jamais rencontrée.

L'Autre fille est en effet une lettre adressée à la sœur que l'auteure *n'a pas connue* et qui prend ses racines dans le cadre d'une collection incitant intrinsèquement à cette pratique. « Les Affranchis[103] » donne en effet comme consigne aux auteurs d'écrire « la lettre qu'[ils] n'ont jamais écrite », précisant « Écrire une lettre, une seule, c'est s'offrir le point final, s'affranchir d'une vieille histoire ». D'autres écrivains, dans cette collection, feront un choix similaire mais dans un rapport à la référentialité radicalement différent : Anne Goscinny dans *Le Bruit des clés* et Yves Simon dans *Un homme ordinaire* s'adressent à leur père disparu (petite orpheline de 9 ans et grand orphelin de 20 ans écrivent une lettre accompagnant un deuil difficile) tandis que Linda Lê convoque *in absentia*, dès le titre de l'œuvre, « l'enfant qu'elle n'aura pas[104] ». Quant à Nicolas d'Estienne d'Orves déjà évoqué, il s'adresse à l'ami suicidé. Seule Annie Ernaux se lance dans une lettre récit qui s'origine dans une disparue dont elle n'a jamais connu l'existence que sous la forme de trace : photographique ou discursive.

Si le texte se meut dans un espace à visée épistolaire, cette dimension demeure cependant très discrète. Aucune marque propre au genre dans le début de *L'Autre fille* qui au contraire procède de façon relativement impersonnelle (ou à tout le moins peu marquée) avec la description d'une photographie. Mais celle-ci permet d'amorcer l'adresse puisque le « tu » va surgir du premier commentaire dans lequel le rapport entre énonciateur et énonciataire se dessine : « Quand j'étais petite, je croyais – on avait dû me le dire – que c'était moi. Ce n'est pas moi, c'est

102 *Ibid.*, p. 150.

103 La lettre *princeps* est *La Lettre au père* de Kafka, jamais envoyée.

104 Linda Lê, *À l'enfant que je n'aurai pas*, Paris, Nil, collection « Les Affranchis », 2011.

toi ». Tout le texte va jouer de ce glissement, jusqu'au titre même qui, contrairement aux attentes du lecteur, renvoie non à la figure disparue mais à l'auteure elle-même (« L'autre fille, c'est moi, celle qui s'est enfuie loin d'eux, ailleurs[105] »).

À plusieurs reprises, Annie Ernaux interroge ainsi l'entreprise épistolaire qu'elle conduit et, au sein de son discours, met en question l'adresse elle-même tout à la fois dans sa fictionnalité et dans le rapport sentimental qu'il donne à lire : « Le "tu" est un piège. Il a quelque chose d'étouffant et il instaure de moi à toi une intimité imaginaire avec des relents de grief, il rapproche pour reprocher[106] ». Au milieu du texte, Annie Ernaux va même parler d'une « fausse lettre », précisant : « Il n'y en a de vraies qu'adressées aux vivants[107] ». Dans l'excipit, elle réaffirmera cette position de défiance vis-à-vis du travail entrepris : « Évidemment, cette lettre ne t'est pas destinée et tu ne la liras pas[108]. » Mais ce principe de réalité est cependant miné par un « fond de pensée magique » qui voudrait qu'elle lui « parvienne ».

Annie Ernaux souligne en fait la double impossibilité de cette lettre : celle de la nature même de l'objet – qui ne sera pas transmis – et celle de sa destinataire – qui ne la recevra jamais. Mais c'est justement cette double impossibilité que la lettre dépasse en même temps qu'elle s'en autorise. On pourrait ainsi parler de fictionnalité au carré dans *L'Autre fille* : fiction du procédé, doublé de la fiction du destinataire.

Écrire en s'adressant au disparu est une modalité d'écriture particulièrement fréquente dans le cas des « deuils sans noms ». Elle participe d'un geste instinctif lié au retour ou à la retenue, défi orphique face à la mort, visant à rémunérer l'absence par une injonction, ne serait-ce que scripturale, à exister. Il s'agit ainsi de se confronter à « l'effondrement de l'adresse », cet « arrachement du "tu"[109] » que l'épreuve du deuil engendre pour le dépasser symboliquement. Les endeuillés jouent alors

105 Annie Ernaux, *L'Autre Fille*, Paris, Nil, collection « Les Affranchis », 2011, p. 77.
106 *Ibid.*, p. 62.
107 *Ibid.*, p. 46.
108 *Ibid.*, p. 77.
109 Dominique Rabaté, « "Maintenant sans ressemblance" : le temps du deuil et du poème (Deguy, Éluard, Roubaud) », dans *Deuil et littérature, Modernités 21*, Presses universitaires de Bordeaux, 2005, p. 331.

d'un mouvement d'écriture double qui « atteste de la disparition tout en préservant une survivance symbolique[110] ».

Se précipite ainsi dans cette écriture adressée une rupture de la temporalité qui dépasse la linéarité temporelle pour créer un espace *hors temps*, mobilisant tout à la fois la présence et l'absence, l'hier et l'aujourd'hui. Un espace qui finalement est celui de la parole, celle dont on pouvait penser que le deuil la minerait définitivement. Patrick Chesnais insiste sur la nécessité de cette posture énonciative tout en soulevant la question des enjeux formels engagés :

> Pour le moment je te parle. C'est la seule manière que j'ai d'approcher la question de ce bouquin. J'appelle ça un bouquin parce que je ne sais pas ce que ça sera. Un roman ? Non, bien sûr. Un témoignage ? Peut-être ? Je ne sais pas comment on peut appeler ça. Moi j'appelle ça un bouquin, pour le moment.

Cette dénomination prudente (« bouquin ») fait jouer la question non pas de la légitimité, mais celle de la catégorisation que les écritures du deuil mettent bien souvent à mal. Comme si elles créaient leur propre généricité non sans emprunter – par porosité, par tangence et par opposition – aux catégories usuelles.

Celle du roman bien sûr est essentielle : si nous avons vu, dans ce chapitre portant sur l'écriture du deuil adressé, des textes qui relevaient essentiellement de genres liés aux écritures à la première personne référentiellement attestées (témoignage, lettres, journaux, récits placés sous le signe d'un pacte autobiographique), nous aurions pu envisager des textes dont la dimension romanesque n'est qu'apparente, par exemple Catherine Cusset avec *L'Autre qu'on adorait*[111], entièrement construit sur une analepse où la deuxième personne joue un rôle de premier plan[112].

---

110 Françoise Simonet-Tenant, « L'invention de soi après une crise : le journal de deuil », *op. cit.*, p. 96.

111 Catherine Cusset, *L'Autre qu'on adorait*, Paris, Gallimard, 2016.

112 *L'Autre qu'on adorait* est entièrement construit sur une analepse reposant sur la deuxième personne : le prologue évoque la mort du protagoniste puis l'ensemble du récit revient sur la vie de cet homme qui ne trouvera d'issue que dans le suicide. La narratrice analyse le choix de la deuxième personne à la fin du roman dans un épilogue qui boucle l'ensemble en revenant sur la mort ou même, bien plutôt, sur le mort, celui qu'ils voient « dans le cercueil aux pompes funèbres ». C'est de ce corps, finalement « peu reconnaissable » que semble s'originer le choix du « tu » : « Ta sœur m'a demandé si je voulais parler à l'église. J'ai répondu non. Je ne pouvais m'adresser à un cercueil et dire "tu". "Tu" n'existes plus » (p. 289). Elle poursuit : « Maintenant je ne peux dire autre chose que "tu". "Il" est trop

Le rapport très particulier de cette œuvre à la fiction – sur lequel nous reviendrons – lui permet en effet de figurer dans le corpus des « deuils sans noms ».

Au sein du prochain chapitre, nous examinerons ainsi non seulement la question de la fiction (dans son rapport au réel) mais plus largement celle du récit et de l'histoire. Car écrire le deuil, c'est aussi – et avant tout ? – écrire une(des) histoire(s). La sienne bien sûr, mais aussi celle du disparu.

distant, comme si je parlais de toi à un autre. » Pas de paradoxe ici mais un regard distancié sur l'espace-temps et le rapport au disparu : *in praesentia*, il n'est d'adresse qui tienne, le corps mort vampirisant cette possibilité ténue de retour au vivant, tandis qu'*in absentia*, l'absence et la disparition peuvent être combattues par ce retour du vivant que permet l'emploi de la deuxième personne du singulier. Et de préciser, à propos de l'autre choix concurremment offert, celui de la troisième personne : « "Il" te tue encore peu plus. » C'est dans le frôlement pronominal donc, celui du « je » et du « tu », que l'écriture du deuil trouve ici son cheminement, ce qui va permettre tout à la fois de parler de « l'autre qu'on adorait » – le titre joue sur cette mise à distance qui autorise l'appropriation du lectorat – avant d'actualiser ce jeu entre première et deuxième personne.

PARLER DES MORTS

Récit et fiction

Dans *À ce soir*, Laure Adler utilise un cliché[1] qu'elle veut faire résonner avec son deuil en lui redonnant un éclat neuf, celui de l'évidence et de la pertinence. Revenant sur le temps harmonieux de sa grossesse, elle écrit ainsi : « On dit que les gens heureux n'ont pas d'histoire. C'est vrai[2]. » Le terme « histoire » est ici mobilisé dans son sens étymologique de « récit d'événements mémorables ». « Pas d'histoire », donc, pour « les gens heureux » parce que la vie est alors pleine et sereine, satisfaisante et souriante. « Pas d'histoire » non plus, au sens *narratologique* du terme, car une succession d'instants de plénitude n'induit pas une tension narrative. Si l'on poursuit le raisonnement de Laure Adler en examinant son impensé, on peut avancer l'idée que les gens malheureux ont une histoire (sens *étymologique*) et supposer que cette histoire vécue peut aussi s'élaborer, voire se dire, et même s'écrire (sens *narratologique*). Dans cette perspective analogique, les endeuillés – malheureux par essence – ont donc une histoire, vécue et à écrire.

Mais cette histoire est fragile, articulée autour d'un être disparu et menacé, avec le temps, d'une dissolution de plus en plus grande. Pour la contrer, tous les auteurs de notre corpus se lancent dans une entreprise de fixation, ressentie comme une nécessité de premier ordre. Colette Guedj explique ainsi écrire pour « sauver [sa fille] de l'oubli et de l'érosion du temps ». Cette crainte d'un temps destructeur du souvenir et dévorateur de la mémoire est partagée par la plupart des endeuillés. Pierre Jourde la signifie de façon hyperbolique lorsqu'il s'adresse à son fils en constatant amèrement :

> Tu continueras à t'amenuiser derrière nous […]. Jusqu'à ce moment enfin, où d'éloignement en amenuisement, de disparitions en oubli, il ne restera plus

1 À ce sujet, on pourra lire « De la littérature comme lieu commun », in Myriam Watthee-Delmotte, *Dépasser la mort, L'agir de la littérature*, Arles, Actes Sud, 2019, p. 55 *sq.*

2 Laure Adler, *À ce soir*, Paris, Gallimard, 2001, p. 39.

> personne sur cette terre pour penser à toi, plus personne pour conserver ton souvenir, plus personne pour savoir à quoi ressemblait ton sourire[3].

La gradation sémantique qui accroît le degré d'effacement et la triple répétition de « plus personne » amplifie l'anéantissement lié au temps. Dans *L'Enfant éternel*, Philippe Forest le rend inéluctable en décrétant que « le vivant est sans pitié » : il « recouvre, il efface, il censure [...] pour que rien de ce qui a été ne soit plus[4] ». À tel point, d'ailleurs, que cet évanouissement s'incarne même dans ses traces les plus concrètes, comme l'évoque Laure Adler à propos des papiers officiels :

> Au renouvellement du passeport, ils ont enlevé le nom de mon fils mort. L'employé du commissariat, après avoir vu la date de sa naissance et de sa mort, a écrit sur le passeport usagé, en face son prénom : DCD. Sur le nouveau – geste délibéré ou oubli – il ne l'a pas reporté[5].

Contre la dissolution mémorielle, voire matérielle, engendrée par la mort, il s'agit donc de s'engager dans l'écriture et de croire au salut qu'elle offre : « tu n'as jamais été *plus vivant* qu'au bout de ma plume[6] » avance Jérôme Garcin dans une formule qui atteste de la force du recours scriptural.

Nous verrons ainsi comme les textes liés aux « deuils sans noms » sont avant tout des récits destinés à recueillir une histoire (ou, bien plutôt, à *faire* histoire), tâche qui ne va pas sans difficulté, surtout quand l'histoire semble avoir été interrompue prématurément et que la douleur est à vif. Dans cette perspective, nous interrogerons également la question de la fiction dont plusieurs textes du corpus s'emparent.

---

3 Pierre Jourde, *Winter is coming*, Paris, Gallimard, 2017, p. 120.

4 Philippe Forest, *L'Enfant éternel* [Paris, Gallimard, 1997], Paris, Gallimard, collection « Folio », 1998, p. 223.

5 Laure Adler, *À ce soir*, *op. cit.*, p. 128.

6 *Ibid.*, p. 38.

DEUIL, HISTOIRE ET RÉCIT

UNE SÉPULTURE DE MOTS : DIFFICULTÉS ET ENJEUX

À l'exception de textes moins immédiatement narratifs, comme *Ostinato* de Louis-René des Forêts, partiellement consacré à la disparition de sa fille, et dont la nature poétique a pu faire dire qu'il se plaçait sous le signe d'un « régime dynamique chaotique[7] » et d'une « pluralité discontinue d'expériences[8] », la plupart des « deuils sans noms » sont focalisés autour d'un centre narratif plus facilement lisible et identifiable : l'histoire du disparu. Cela ne signifie pas pour autant uniformité dans le traitement textuel ou amoindrissement de l'ampleur narrative.

Dans *Philippe*, Camille Laurens compose ainsi une triple histoire de son fils : on peut lire celle de sa très brève existence, celle de sa mort, mais aussi celle de la vie qui aurait pu être la sienne. D'autres comme Pierre Jourde diffractent l'identité du disparu pour en exploiter les diverses facettes, ce qui les conduit à interroger l'histoire du même individu sous ses diverses incarnations : son fils Gabriel est envisagé tout à la fois d'un point de vue intime (« La famille, les proches l'appellent plus volontiers du sobriquet colettien de Gazou[9] ») et simultanément sous l'angle d'une identité socioprofessionnelle en devenir (« Pour tout un monde inconnu, celui des jeunes téléchargeurs de musique, des fans de soul, de hip-hop, et d'une musique, la sienne, à laquelle son père serait bien incapable de donner un nom précis, il est à présent connu sous le nom de Kid Atlaas »). Le titre même de l'œuvre (*Winter is coming*), reprise du titre d'un de ses morceaux de musique, est un hommage[10] à l'artiste qu'il était devenu.

Mais envisager l'histoire du disparu (ou une partie[11]) – dans sa singularité et sa complexité – n'est pas si simple : le problème majeur auquel

7 Yves Abrioux, « Pour une physique littéraire : *Ostinato* (1997) de Louis-René des Forêts », *Savoir et littérature, volume 2, Annales littéraires de Franche-Comté*, Daniel Minary (dir.), Besançon, Presses universitaires Franc-Comtoises, 2001, p. 53-88.

8 Dominique Rabaté, *Louis-René des Forêts, La Voix et le volume*, Paris, José Corti, 1991, p. 181.

9 Pierre Jourde, *Winter is coming*, *op. cit.*, p. 14.

10 L'*incipit* commence également par le titre de ce morceau de musique, présenté comme une émanation sensible du fils disparu.

11 René de Ceccatty, par exemple, fait le choix de concentrer l'essentiel de *L'Accompagnement* (Paris, Gallimard, 1994) autour de la fin de vie, tant et si bien que l'œuvre se donne

se heurtent les textes n'est pas celui de la matière narrative (l'endeuillé en est bien souvent saturé) mais de sa réalisation textuelle.

La question première est même celle de la faisabilité de cette mise en mot. C'est ce que montre Aline Schulman quand elle s'interroge sur les conditions d'avènement du texte qu'elle consacre à sa fille. Dès le deuxième paragraphe de l'*incipit* de *Paloma*[12], elle explique que c'est :

> [...] en marchant sur [la] plage interminable où, l'été, les mirages font pousser des peupliers au milieu de l'écume qu'il [lui] a paru *possible de raconter cette histoire* ; en marchant sur les lieux du drame, comme on dit, puisque c'est là, quelque part entre la mer et les rochers, que tout a commencé[13].

Le texte procède ainsi d'un *incipit* qui met en scène son origine (tant événementielle que narrative) et l'ancre immédiatement dans le lien à la mort : comme le lecteur l'apprendra très rapidement, c'est en effet sur cette plage qui autorise l'écriture qu'ont été perçus les premiers symptômes de la maladie. Puis l'auteure clôt l'*incipit* en expliquant comment elle envisage le traitement narratif de « cette *histoire* vécue[14] ». En l'espace de quelques lignes, le terme « histoire » est donc convoqué pour désigner le passé (événements vécus) et pour exhiber ce que le texte vise à constituer (l'histoire, au sens de Genette, comme « ensemble des événements racontés »).

Mais comment écrire cette(ces) histoire(s) quand on sait qu'elle(s) a(ont) pour point d'aimantation la mort ? Geneviève Jurgensen avoue à son interlocuteur, dès le début de ses lettres, qu'elle aimerait « retarder le moment où inévitablement [elle lui] raconter[a] comment [elle avait] appris [la] mort de ses filles[15] » et qu'elle voudrait « bâcler le récit[16] » en taisant certains moments : mais elle reconnaît que suivre la chronologie des événements s'impose à elle[17], malgré la douleur.

Si le rapport à la chronologie est si complexe qu'elle en vient à être redoutée, c'est évidemment parce qu'elle contient en elle-même le

davantage comme un récit de *fin de vie* que de vie. François Bon lui aussi se concentre essentiellement autour de l'enterrement dans l'œuvre du même nom (*L'Enterrement*, Lagrasse, Verdier, 1992).

12 Aline Schulman, *Paloma*, Paris, Le Seuil, 2001.

13 *Ibid.*, p. 13. Nous soulignons.

14 *Ibid.*, p. 14. Nous soulignons.

15 Geneviève Jurgensen, *La Disparition* [Paris, Calmann-Levy, 1994], Paris, Le Livre de Poche, 1995, p. 11.

16 *Ibid.*, p. 60.

17 *Ibid.*, p. 56.

cheminement vers la mort[18]. Bernard Chambaz, dans *Martin cet été*[19], souligne ainsi le bouleversement sensible lié à cette avancée temporelle : « À mesure que le récit s'est rapproché du 11 juillet [date du décès de son fils], j'ai senti grandir en moi le noyau du tourment [...] L'imminence de l'accident. Je n'arrive pas à le rapporter[20] ». Certains s'abstiennent alors des repères chronologiques comme Jacques Drillon dans *Face à face* (« Mais non [...] Je ne raconterai pas sa mort comme une histoire – du moins tenterai-je d'éviter la chronologie[21] ») ou essaient de s'en affranchir partiellement comme Colette Guedj (« Cette histoire, il n'est pas question que je l'enferme dans les limites d'une linéarité chronologique, même si bien sûr des repères temporels en balisent le trajet »). Pour autant, ils n'en évitent pas moins ce qu'on pourrait appeler « l'instant thanatique[22] », autrement dit la scène du mort. L'histoire comporte en effet des étapes quasi incontournables qui sont l'essence même des récits du deuil : le décès en fait partie et bouleverse la pensée en tant qu'il est simultanément point final, commencement ou simple passage dans une histoire dont on ne sait plus vraiment ni quand elle commence ni quand elle finit.

Nous reviendrons dans le chapitre suivant, plus en détail, sur cette façon qu'ont les auteurs de penser l'élaboration de leur texte au moment de leur accomplissement. Attardons-nous néanmoins un instant sur les difficultés mêmes de constitution du récit que l'auteur éprouve quand

18 Celles et ceux qui, comme Geneviève Jurgensen ou Anne-Marie Revol, s'inscrivent dans une certaine chronologie (celle de l'énonciation et de leur choix générique de lettres/journal), repoussent cependant au maximum les scènes du mort autour desquelles elles tournent, évoquant l'issue fatale mais sans en donner les détails : Geneviève Jurgensen « répugne » à « revenir sur les circonstances précises de l'accident » (p. 85) et Anne-Marie Revol dit à sa mère ne rien vouloir en savoir, rappelant l'avoir suppliée initialement : « Ne nous racontez jamais cette nuit de cauchemar. Je ne veux connaître aucun détail » (p. 38).

19 Bernard Chambaz, *Martin cet été*, Paris, Julliard, 1994.

20 *Ibid.*, p. 36-39.

21 Jacques Drillon, *Face à Face*, Paris, Gallimard, collection « L'un et l'autre », 2003, p. 129-130.

22 Point d'aimantation de nombre d'œuvres du deuil (voir Pierre-Louis Fort, *Ma mère, la morte. L'Écriture du deuil chez Yourcenar, Beauvoir, Ernaux*, Paris, Imago, 2006, p. 111-144 : « Chapitre IV. La scène thanatique »). Dans notre corpus, elle se trouve souvent aux seuils des œuvres, notamment en raison de son fort degré émotionnel, soit pour amorcer le livre (par exemple Marie-Axelle et Benoit Clermont, *Gaspard, entre ciel et terre*, Paris, éditions du Cerf, 2018) soit pour le clore (Anne-Dauphine Julliand, *Deux petits pas sur le sable mouillé* [Paris, éditions des Arènes, 2011], J'ai lu, 2017).

il est, comme le dit Bernard Chambaz, « prêt à écrire ce qui devient un récit, sobre et concis, aussi *fidèle* que possible[23] ».

Cette modalisation du degré de fidélité, propre à tous les genres qui ressortissent de près ou de loin à l'autobiographie, est évidemment une des pierres d'achoppement du récit. Colette Guedj reconnaît par exemple ne pouvoir saisir que des « lambeaux de [l]a vie [de sa fille] dont [s]a mémoire est tissée[24] » et Laure Adler constate que « [d]e ces neuf mois avec [le bébé disparu], justement, [elle] ne [s]e souvien[t] guère[25] ». Mais faut-il se souvenir pour écrire ? Le désir de fidélité absolue et totale à la réalité (à défaut de l'existence réelle) doit-il être condition *sine qua non* d'existence du récit ?

Plusieurs auteurs choisissent au contraire d'accepter l'histoire dans ses limites (d'exhaustivité ou de véracité), parce qu'elle doit émerger, force contraignante qui contient son propre avènement : « l'on ne peut taire ce qui est arrivé, les événements[26] ». Christian Bobin se présente ainsi comme le relais de l'histoire dont il n'aurait qu'à actualiser l'existence, se réservant l'innovation sur la forme non sur le fond :

> L'automne et l'hiver qui ont suivi ta mort, je les ai occupés à défricher pour toi ce petit jardin d'encre. Pour y entrer, deux portes – un chant et une histoire. Le chant, c'est le mien. L'histoire je n'en suis que le conteur[27].

On retrouve une vision similaire de l'écriture en tant que mise en forme du révolu chez Philippe Le Guillou (« L'histoire est passée, éblouissante, implacable, tragique et elle me laisse seul sur la rive. À moi à qui la littérature a tant donné il ne reste que le secours des mots[28] ») ou encore chez Marie Depussé (« Je dépose le bagage. De nous il ne reste rien, je veux dire de nous deux, assis l'un à côté de l'autre. Il ne me reste que les mots[29] »). Chez les deux auteurs, les métaphores expriment la solitude due à la séparation et l'exacerbent afin de mettre en valeur la nécessité de la dépasser *par* et *dans* l'écriture. Écrire donc, comme dernier recours : les *mots* contre la *mort*, la permanence contre l'impermanence.

---

23 Bernard Chambaz, *Martin cet été*, *op. cit.*, p. 21. Nous soulignons.

24 Colette Guedj, *Le Baiser papillon*, Paris, Jean-Claude Lattès, 1999, p. 11.

25 Laure Adler, *À ce soir*, *op. cit.*, p. 51.

26 Jacques Drillon, *Face à Face*, *op. cit.*, p. 130.

27 Christian Bobin, *La Plus que vive* [Paris, Gallimard, 1996], Paris, Gallimard, collection « Folio », 1998, p. 9.

28 Philippe Le Guillou, *Fleurs de tempête*, Paris, Gallimard, 2008, p. 18.

29 Marie Depussé, *La Nuit tombe quand elle veut*, Paris, P.O.L, 2011, p. 57.

Marie Depussé ajoute en note une citation de Pascal Quignard : « Le langage est la maison pour tout ce qui n'est plus[30] », comme une sorte de poétique cachée, reléguée dans les marges. L'image permet de renouer obliquement avec la perspective du tombeau[31], en activant son sens architectural et métaphorique[32]. Plusieurs des contemporains de Marie Depussé la sollicitent également. Ainsi de Jérôme Garcin qui parle – désignant son propre texte – de « ce tout petit tombeau de papier, encore plus léger que [son frère][33] », de Philippe Le Guillou qui évoque les circonstances de création de son livre, « tombeau, comme un reliquaire de mots et d'images[34] », transformant la feuille de papier en territoire, comme Christian Bobin : « Une région, c'est trop flou pour le cœur. Mon pays fait vingt et un centimètres de large, sur vingt-neuf de long[35] ». Michaël Ferrier fait même de « la littérature [...] l'art du deuil par excellence » et souligne la difficulté de création du tombeau scriptural : « dans sa fragilité même, le papier [est] supérieur au marbre. Pourtant quel travail de ténèbres il faut pour l'extraire, ce livre... C'est un tombeau [...][36] ». Dans le secret de l'atelier, l'auteur endeuillé lutte donc contre l'effacement, (res)suscitant une histoire parfois difficilement saisissable, faisant du texte un lieu de mémoire et de recueillement, tombeau contre tombe, actualisant la proximité entre les deux sépultures, celle de terre et celle de lettres.

30 Marie Depussé réfère à *La Barque silencieuse* en note de bas de page. Voir *Sur le jadis* (Paris, Grasset, 2002, p. 47).

31 Obliquement dans le sens où, forme majeure de pratique commémorative funéraire à la Renaissance, le tombeau est traditionnellement poétique, célébrant de manière collective les grands hommes. Il reste néanmoins une « pratique littéraire plutôt difficile à circonscrire en raison de l'absence de règles et de critères génériques spécifiques » écrit Joël Castonguay Bélanger (« L'édification d'un Tombeau poétique : du rituel au recueil », *Études françaises*, 38 (3), 2002, 56). Voir aussi Karine Lanini, « Discours funèbres », *Le Dictionnaire du littéraire*, Paul Aron, Denis Saint-Jacques et Alain Viala (dir.), Paris, Presses Universitaires de France, collection « Quadrige », 2002.

32 Comme l'écrit Dominique Moncond'huy, le « tombeau » est déjà « métaphore du tombeau réel, et les textes indûment dénommés "tombeaux" deviennent comme les métaphores d'un objet littéraire lui-même métaphorique » (Dominique Moncond'huy, « Avant-Propos : Qu'est-ce qu'un tombeau poétique ? », *La Licorne* [En ligne], Les publications, Revue La Licorne, 1994, Le tombeau poétique en France).

33 Jérôme Garcin, *Olivier*, Paris, Gallimard, 2011, p. 157.

34 Philippe Le Guillou, *Fleurs de tempête*, *op. cit.*, p. 162.

35 Christian Bobin, *La Plus que vive*, *op. cit.*, p. 77.

36 Michaël Ferrier, *François, portrait d'un absent*, Paris, Gallimard, collection « L'Infini », 2018, p. 37.

ENTRE SINGULARITÉ ET SIMILARITÉS

Examinons la construction de ces « tombeaux ». Le premier constat est bien sûr celui d'une singularité qui peut s'expliquer doublement : la *nature* éminemment personnelle et unique de la perte qu'ils transmuent tout d'abord ; la *forme* différente qu'ils investissent et réinventent (en jouant sur la polyphonie, la temporalité, la chronologie, la fictionnalisation) ensuite. Néanmoins, un certain nombre d'invariants parcourent ces textes : les premiers sont d'ordre narratif, les deuxièmes d'ordre réflexif.

On retrouve ainsi, d'une part, des éléments *narratifs* qui constituent des points d'étape récurrents (foyers de développement du récit) comme la façon dont la mort survient, les instants qui précèdent et qui suivent le décès (plus ou moins développés selon la tension narrative), les obsèques, l'évocation du tombeau et/ou du cimetière, la façon dont la vie reprend (ou non) et, d'autre part, des développements *réflexifs* qui participent d'un *éthos* endeuillé comme le rapport à l'entourage et au passé, l'enquête identitaire (sur soi et/ou le disparu), les représentations de la mort, la mise en abyme des deuils[37], l'impact émotionnel du premier anniversaire de la mort, l'évocation des souvenirs et leur répercussion.

Bien sûr, la scission *narration/réflexion* est artificielle et s'avère un dualisme de méthode puisque les deux dimensions se rejoignent souvent. Un passage consacré à la « tombe » chez Michaël Ferrier peut illustrer cette double résonance. Avançant dans le cimetière Montmartre où repose son ami François, le narrateur dépasse la concentration sur le simple *lieu de sépulture* pour développer une *rêverie philosophique*. Il émet ainsi l'idée que le cimetière est propice à la remémoration de ses « plus beaux souvenirs[38] » et les conçoit comme une invitation à une exploration thanatique. Il précise alors : « [...] les inscriptions surtout me retiennent, comme un récit » et ajoute que « toute la splendeur scripturale des cimetières » lui « semble non tant les vestiges de la vie que son affirmation irréductible[39] ». Deux fonctions sont donc ici observables pour la déambulation dans le cimetière : l'une *narrative*, d'avancée dans l'histoire développée autour du défunt, l'autre *ontologique*, d'appréciation de la charge poétique et philosophique de ces lieux.

37 Par « mise en abyme » des deuils, nous pensons au fait que les deuils évoqués en appellent souvent d'autres.

38 Michaël Ferrier, *François, portrait d'un absent*, *op. cit.*, p. 24.

39 *Ibid.*, p. 25.

Mais plus encore, cette scène du cimetière peut, dans certaines œuvres, avoir encore une autre fonction, dynamique et dramatique : dans *L'Autre fille* d'Annie Ernaux, la visite au cimetière précipite l'enquête sur la sœur disparue. Évoquant ses visites au cimetière d'Yvetot, l'auteure décrit la tombe de la défunte, avant de conclure : « [...] depuis vingt-cinq ans que je viens sur les tombes, à toi je n'ai jamais rien à dire[40] ». Or c'est précisément de ce silence que va s'originer la lettre adressée à cette sœur, lettre dont le contenu narratif se développe rapidement jusqu'à parvenir au passage *princeps* et moteur de l'œuvre : « la scène du récit[41] », celle au cours de laquelle Annie Ernaux apprend l'existence de cette sœur fantôme.

Parmi les invariants qui traversent les œuvres certains sont plus particulièrement importants parce qu'ils dépassent l'incarnation dans un épisode narrativo-réflexif pour accompagner la dynamique d'ensemble de l'œuvre. La *mise en jeu du destin*, parfois rendue concrète avec le rappel des Parques (Clotho, Lachesis et Atropos, les trois divinités qui président à la destinée humaine), en est un exemple. On rencontre d'ailleurs des mentions explicites des Parques dans les œuvres, comme chez Olivia de Lamberterie lors de l'annonce faite à sa mère de la mort de son fils (« Il est neuf heures et demie quand Caroline, Chloé et moi sonnons à la porte. Trois Parques[42]. »)

Sans être toujours aussi allégorisée, la présence du *fatum* ancre nombre de textes dans un registre tragique, démultipliant leur caractère pathétique (au simple sens étymologique du terme et loin de toute « outrance et [...] abondance verbale[43] »). Christian Bobin, qui aime à poétiser ses récits, parle ainsi du « feuillage de la mort au-dessus de nos vies [qui] d'un seul coup peut s'assombrir et peser[44] », insistant par le biais de cette métaphore botanique sur la menace latente et omniprésente, au déclenchement imprévisible. Citant Proust de mémoire[45], Catherine Cusset écrit dans le même ordre d'esprit que « la mort élit domicile en nous longtemps avant de nous tuer[46] ».

40 Annie Ernaux, *L'Autre Fille*, Paris, Nil, collection « Les Affranchis », p. 11-12.

41 *Ibid.*, p. 13.

42 Olivia de Lamberterie, *Avec toutes mes sympathies*, Paris, Stock, 2018, p. 175.

43 Anne Coudreuse, *Le Refus du pathos au XVIIIe siècle*, Paris, Honoré Champion, 2001, p. 246.

44 Christian Bobin, *La Plus que vive*, *op. cit.*, p. 28.

45 Catherine Cusset, *L'Autre qu'on adorait*, Paris, Gallimard, 2016, p. 283.

46 Marcel Proust, *Le Côté de Guermantes* [Paris, Gallimard, 1921], Paris, Gallimard, collection « Folio », 1988, p. 6.

Si les textes insistent sur ce poids tragique, c'est pour hyperboliser l'impression d'une inéluctabilité première de la mort à venir. Philippe Forest distille ce poids dès le début de *L'Enfant éternel* avec la mention de la maison familiale à la montagne, lieu d'une funeste escapade de fin d'année préfigurant l'issue fatale de sa fille Pauline : « J'avais voulu, écrit le narrateur, oublier la terreur que m'inspirait cette *maison de mort, ce caveau de pierre* aux parois de pin[47] ». Comme si le destin s'était enclenché, le retour à Paris n'est alors pas celui du « chemin ordinaire de la vie[48] », la mort s'étant déjà invitée : « Nous ne pouvions deviner quelle main de glace s'était crispée autour de notre poignet ». Les débuts de l'œuvre se placent donc sous le signe d'une fatalité, perçue rétrospectivement. Ce ressenti ultérieur d'un destin menaçant est au demeurant partagé par bon nombre d'endeuillés. Pierre Jourde explique par exemple :

> Après coup, on ne peut pas s'empêcher de revenir sur les jours *d'avant*, comme pour prendre la mesure de son aveuglement d'alors. On se regarde ne pas savoir, on se regarde vivre alors que cela n'est pas encore arrivé, on s'étonne de ce fragile bonheur[49].

Aveuglement tragique donc, oblitérant cette omniprésence de la mort qui affleure, consciemment ou non, et dont la saisie ultérieure résonne cruellement.

Le poids de ce *fatum* est encore densifié auprès du lecteur lorsqu'il est présenté comme saisi dans le temps des événements vécus, et non plus mis en avant au seul moment de l'écriture : la fin de sa fille arrivant, le narrateur de *L'Enfant éternel* est sensible, de façon exacerbée, aux signes, se faisant dès lors sémiologue du tragique (« Je devenais superstitieux. Tout événement m'était présage[50] »). Pierre Jourde le signifie avec une force similaire lorsqu'il évoque le besoin impérieux de « recouvrir l'obscur rayonnement des présages[51] » distillés à l'occasion d'un dîner où lui est offert un livre de deuil.

La fatalité est ainsi régulièrement exploitée dans la construction des œuvres. Michel Rostain en joue lorsqu'il fait dire à son fils « Bientôt, papa

47 Philippe Forest, *L'Enfant éternel* [Paris, Gallimard, 1997], Paris, Gallimard, collection « Folio », 1998, p. 24. Nous soulignons.

48 *Ibid.*, p. 37.

49 Pierre Jourde, *Winter is coming*, *op. cit.*, p. 16.

50 Philippe Forest, *L'Enfant éternel*, *op. cit.*, p. 353.

51 Pierre Jourde, *Winter is coming*, *op. cit.*, p. 83.

vivra le second moment le plus important de sa vie, dans trois heures, ma mort[52] », tout comme Philippe Forest quand il met en valeur le poids du temps (« Chaque journée compte. Nous ne pouvons plus partager ce temps qui file et s'éteint[53] »). Le jeu tragique peut même prendre plus d'ampleur et structurer toute une partie du récit. Dans *Philippe*, Camille Laurens consacre tout le deuxième chapitre (intitulé « Comprendre ») au récit du premier et dernier jour de l'enfant, avec nombre d'indications temporelles qui fonctionnent comme un mortifère compte à rebours. La dramatisation est accrue par la construction d'ensemble qui fait jouer le vécu de la jeune mère, *ignorante*, et le rapport d'expertise, *savant*, les deux convergeant vers la même fatale issue.

Les œuvres du deuil retenues pour le corpus, au-delà de leur singularité intrinsèque, résonnent donc entre elles, dans leur rapport complexe à la constitution d'une histoire dont elles sont issues et qu'elles tentent, malgré les obstacles de fixer. Mais la matière narrative ne va pas forcément de soi. Ancrée dans le réel, elle pose notamment la question de la fiction que les textes pensent pour la plupart (dans le sens où ils la réfléchissent) et dont ils s'emparent parfois (dans le sens où ils la pratiquent volontairement).

LA FICTION EN QUESTION

On pourrait rappeler, selon le pacte d'endeuillement proposé en introduction pour les définir, que les « deuils sans noms » ont pour terreau un réel sans concession, tout à la fois parce qu'il est marqué par le poids de la douleur et parce que les textes du corpus se placent dans la perspective d'écrits intimes faisant le choix implicite de la sincérité et de l'authenticité. Pour autant, il leur arrive de s'aventurer aux frontières de la fiction, comprise comme « dimension imaginaire[54] ». Loin de miner la

52 Michel Rostain, *Le Fils* [Paris, Oh ! Éditions, 2011], Pocket, 2012, p. 55.

53 Philippe Forest, *L'Enfant éternel*, *op. cit.*, p. 320.

54 Nathalie Heinich, « Les limites de la fiction », *L'Homme* [En ligne], 175-176 | juillet-septembre 2005, mis en ligne le 01 janvier 2007. URL : http://journals.openedition.org.rproxy.sc.univ-paris-diderot.fr/lhomme/29504 (consulté le 6 mars 2019)

réalité de ces récits (à dominante) factuels[55], la fiction – pensée et mise en perspective – vient les enrichir. Cette relation à la fiction se manifeste de trois façons principales : dans le rapport à l'inconnu (la fiction comme *horizon et origine*), dans le rapport à l'éthique (la fiction comme *limite*) et dans le rapport à l'esthétique (la fiction comme *réalisation*).

FICTION : HORIZON ET ORIGINE

La fiction est tout d'abord à l'horizon des textes[56] en tant qu'elle ouvre la pensée du deuil vécu. La forte dimension d'inconnu qui caractérise plusieurs éléments, notamment la vie du disparu ou les circonstances précises de sa disparition, peut effectivement faire jouer l'imagination. La fiction n'est alors pas forcément celle qui est actualisée dans les récits mais celle qui se profile en tant qu'elle recèle les possibles d'une vie – d'une mort – aux contours finalement incertains.

L'imagination apparaît ainsi comme un horizon d'étayage face aux interrogations et creux de l'histoire[57] : une « fiction de méthode[58] » pour le dire comme Ivan Jablonka, permettant de mettre en perspective l'événement. Michaël Ferrier en souligne la force d'attraction naturelle quand il en arrive à l'évocation de la mort de son ami et de sa fille. Ignorant les détails précis de l'accident, il envisage de s'appuyer sur un imaginaire du moment thanatique (« Il m'est arrivé comme à tous les proches sans doute, de rêver, de divaguer dans la douleur, d'imaginer un autre déroulement des événements ») avant d'y renoncer. La part d'imaginaire reste à l'état de trace, échappée d'un texte qui ne la développe pas tout en la convoquant néanmoins. Au cours de son enquête sur l'incendie ayant

55 Gérard Genette, *Fiction et diction*, Paris, Le Seuil, p. 65-94.

56 On peut aussi penser à l'« exercice de la fiction comme fonction élucidante et hypothétique » qu'évoque Dominique Viart dans « Le récit de filiation "éthique de l'écriture" contre "devoir de mémoire" dans la littérature contemporaine », *Héritage, filiation, transmission : configurations littéraires (XVIIIe-XXIe)*, Christian Chelebourg, David Martens et Myriam Watthee (dir.), Louvain, Presses universitaires de Louvain, 2012, p. 211.

57 Dans *Le Fils*, Michel Rostain souligne par exemple les zones d'ombre. Le narrateur (son fils Lion) écrit ainsi : « Papa s'est déjà demandé mille fois si j'étais vraiment mort foudroyé par la faute à pas de chance, un méchant microbe qui passerait et voilà tu es mort » (p. 14). Face aux enquêtes de son père, le narrateur finit par lui reprocher cette intrusion : « Limite indiscret, papa, que trouveras-tu dans la vie de ton mort ? » (p. 21).

58 Ivan Jablonka, *L'Histoire est une littérature contemporaine. Manifeste pour les sciences sociales*, Paris, Le Seuil, « La librairie du XXIe siècle », 2014, p. 20 : « une fiction étayée, visible et humble ».

entraîné le décès de sa fille, Philippe Delaroche s'adonne à une projection fictionnelle du même ordre en lui donnant une fonction ponctuellement consolatrice. Évoquant les moments passés avec un voisin qui habitait l'immeuble où sa fille a péri (mais qui n'était pas là au moment du drame) il ne peut s'empêcher de penser qu'il aurait pu sauver sa fille : « Je sais, c'est une spéculation. Héroïser par défaut n'a pas de sens. La fiction ne nous rendra pas Inès[59] ». Consciente d'elle-même, cette méditation devient cependant un moyen de réparation, quand bien même elle ne serait que fiction : « À rêver qu'il se serait trouvé quelqu'un pour tenter de sauver ma fille, je ne fais qu'user d'un certain droit à la consolation ».

Mais la fiction, avant d'être au service des possibles *dans* le texte, peut être la *source* de ce même texte, comme dans *L'Autre fille*. On peut en effet avancer que Ginette n'est pour Annie Ernaux rien d'autre qu'une fiction de sœur : elle ne l'a jamais rencontrée (puisqu'elle est décédée avant sa naissance) et tout ce qu'elle sait d'elle relève d'une réalité déportée (le récit de sa mère). Le texte porte trace de ce questionnement : « es-tu en moi une fiction [...] ? » demande Annie Ernaux avant de déclarer qu'elle ne « fai[t] ici que courir après une ombre[60] », autrement dit une émanation de la réalité qui ne l'est pas. Cette sœur inconnue est ainsi au cœur d'une interrogation qui ne cesse d'aborder les pouvoirs de la fiction dans leur liaison à l'absente : est-elle présente, sous cette forme fictive, dans le récit que l'enfant Annie Ernaux écrit sur la mort d'une petite fille[61] ou encore dans l'un de ses rêves récurrents de proximité avec une autre enfant[62] ? Cette *absence* est tellement omni*présent*e qu'Annie Ernaux envisage même de retourner la fiction en devenant la fiction d'une autre réalité :

> Enfant – est-ce l'origine de l'écriture ? – je croyais toujours être le double d'une autre vivant dans un autre endroit. Que je ne vivais pas non plus pour de vrai, que cette vie était « l'écriture », la fiction d'une autre. Ceci est à creuser, cette absence d'être ou cet être fictif[63].

Annie Ernaux propose donc de renverser la vision des choses et de déplacer les frontières de la fiction qui dépasse le statut d'accompagnement herméneutique pour devenir origine matricielle.

59 Philippe Delaroche, *La Gloire d'Inès*, Paris, Stock, 2016, p. 187.
60 Annie Ernaux, *L'Autre fille*, *op. cit.*, p. 64.
61 *Ibid.*, p. 24.
62 *Ibid.*, p. 25.
63 *Ibid.*, p. 46.

FICTION ET ÉTHIQUE

S'interroger sur la fiction c'est également, pour ces textes de deuil, engager une réflexion sur l'éthique *via* la question de la référentialité. Celle-ci peut être abordée à deux niveaux.

Le premier est la question de ce que les textes de deuil s'autorisent à dire du réel. Philippe Forest pose les limites de cette référentialité en termes quasi déontologiques : « Ceux que Pauline a connus n'ont pas demandé à vivre dans ce livre. Ils sont libres de n'y figurer qu'en passant. Les mots, les gestes que je leur prête n'engagent rien de la vérité de leur être[64] ». Dans ce commentaire métatextuel (valorisé par sa position d'incise dans un paragraphe à dominante narrative), l'auteur propose une certaine mise à distance par la fiction : voile pudique posé sur le réel, cette distance vise à protéger l'intimité de ceux qui ont accompagné le deuil. La question n'est donc pas celle d'une esthétique visant l'authentification (des protagonistes) mais bien plutôt l'authenticité (celle du vécu).

C'est cet enjeu d'authenticité qui est également au cœur du deuxième niveau auquel on peut aborder la fiction dans son rapport à l'éthique : l'attestation référentielle globale (et non plus simplement individuelle). Il s'agit là de considérer non pas celle de l'adéquation personne/personnage mais celle du récit/vécu. La polémique née entre Marie Darrieussecq et Camille Laurens en est une illustration[65]. Quand Marie Darrieussecq publie *Tom est mort*[66], Camille Laurens s'étonne que ce qu'elle a vécu si douloureusement puisse devenir un simple « thème » littéraire et que ce qu'elle a réellement ressenti puisse émerger dans une fiction écrite par quelqu'un n'ayant pas vécu frontalement cette expérience de la mort d'une enfant. Selon elle, ce livre était « manifestement inspiré de [s]on épreuve personnelle et de l'écriture de cette épreuve » ce qui l'a conduite à lire « *Tom est mort* dans un vertige de douleur, le sentiment d'une usurpation d'identité, la nausée d'assister par moments à une sorte de plagiat psychique[67] ». La question fondamentale est ici celle de ce qu'on

64 Philippe Forest, *L'Enfant éternel*, *op. cit.*, p. 55.

65 Voir le très intéressant article d'Anne Strasser sur lequel nous nous appuyons : « Camille Laurens, Marie Darrieussecq : du "plagiat psychique" à la mise en questions de la démarche autobiographique », COnTEXTES [En ligne], 10 | 2012, mis en ligne le 09 avril 2012, consulté le 04 mars 2019. URL : http://journals.openedition.org/contextes/5016.

66 Marie Darrieussecq, *Tom est mort*, Paris, P.O.L, 2007.

67 Camille Laurens, « Marie Darrieussecq ou Le syndrome du coucou », *La Revue Littéraire*, éditions Léo Scheer, nº 32, Automne 2007, p. 4.

pourrait appeler l'autorisation du réel : quelles en sont les limites ? De manière provocante, Camille Laurens demande s'il est envisageable, dans l'écriture et la quête littéraire, de « jouir d'une souffrance dont [on] n'a pas acquitté la dette » ? Quel sens donner à cette écriture ? Elle ajoute :

> Je n'ai rien contre l'Imaginaire, bien au contraire, et je ne conteste pas à Marie Darrieussecq le droit à l'imagination. Mais dans ce cas précis, son Imaginaire est mon Réel. Qu'est-ce que le Réel ? C'est ce qui échappe au langage, c'est un reste, un reste impossible, « qui ne cesse pas de s'écrire » et qui pourtant a eu lieu[68].

Le double procès instruit par Camille Laurens, celui du plagiat et de celui de la légitimité, ouvre ainsi le débat sur une triple question : générique (autobiographie ? autofiction ? roman[69] ?), téléologique (quelle fin pour ces écrits ?) et fondamentalement éthique (le vécu comme condition *sine qua non* de l'écriture ?).

FICTION ET ESTHÉTIQUE

Le troisième rapport à la fiction et l'imaginaire peut se poser en terme esthétique (et entrer *in fine* en résonance avec la catégorisation générique) : *comment* transcrire le réel et le vécu ? Quelle part pour la fictionnalisation ?

La question est d'importance car elle renvoie aux choix poétiques opérés par les endeuillés. René de Ceccatty met ainsi en évidence une forme de tension (dont on pourrait dire qu'elle frôle l'autofiction) entre le réel et l'imaginaire. S'il note qu'« au moment où [il] s'engage à écrire ces pages, il ne [lui] semble pas possible d'ajouter une fiction à l'expérience[70] », il reconnaît que « malgré [lui], une mise en scène va s'installer », quelque chose de l'ordre de la transmutation libre, du déplacement et de la condensation (ce qui renvoie au travail opéré par le rêve selon Freud). Pour lui, il s'agit donc d'une liberté de l'auteur fondée sur la certitude que « la part romanesque » ne peut « ébranler l'authenticité en littérature ».

68 Camille Laurens, « Qui dit ça ? », *Autofiction (s), Colloque de Cerisy*, Claude Burgelin, Isabelle Grell et Roger Yves-Roche (dir.), Lyon, Presses universitaires de Lyon, 2010, p. 32.

69 Marie Darrieussecq, dans *Rapport de police*, demande : « Est-il interdit d'écrire *fictivement* la souffrance à la première personne ? » (*Rapport de police* [Paris, P.O.L, 2010], Paris, Gallimard, collection « Folio », 2011, p. 365).

70 René de Ceccatty, *L'Accompagnement* [Paris, Gallimard, 1994], Paris, Gallimard, collection « Folio », 1996, p. 15.

Mais le romanesque vit aux voisinages du roman et, comme le souligne Michel Murat, il arrive bien souvent que « le romanesque retourne au roman, dont il devient la source[71] ». Si ce n'est pas le cas chez René de Ceccatty – le texte est même désigné, dans un avertissement visant à remercier celui qui a incité l'auteur à l'écrire, sous le terme matériellement neutre de « livre[72] » –, certains auteurs franchissent le pas et font le choix, génériquement marqué, de publier leur récit sous le terme de « roman ». L'idée latente est certainement d'imposer la lecture d'un « récit non référentiel[73] ». *Son frère*[74] de Philippe Besson ou *L'Inconsolable* d'Anne Godard en sont des illustrations. Certains indices intratextuels ou paratextuels permettent rapidement de ne pas envisager de forte adéquation référentielle pour ces œuvres et de souscrire à la mention éditoriale : la lecture du texte (discrètes allusions à la Seconde Guerre mondiale chez Anne Godard, trop jeune pour l'avoir vécue) ou des déclarations auctoriales (mise à distance du pacte référentiel chez Philippe Besson[75]) conduisent en effet à s'immerger dans une fiction acceptée comme telle. Au-delà des résonances avec des éléments personnels que le lecteur peut penser affleurer à la surface, la lecture ne se place donc pas sous le signe d'un appel à identifier le récit à la vie de l'auteur. Stimulants dans le cadre d'une mise en perspective de notre propos, ce genre de textes ne correspondent pas au pacte d'endeuillement que nous proposions dans notre introduction.

Néanmoins, il est plusieurs récits qui, présentés comme « romans », entrent de plein droit dans notre corpus et répondent à ce pacte. Il s'agit de ceux qui recourent au terme « roman » de façon à apposer un léger voile, une distanciation pudique qui ne dissimule pas le véritable ancrage du récit, paratexte ou transparence du procédé oblige. Peut-être parce que ces textes, comme le suggère Emmanuel Bouju, sont malgré tout « ancré[s] presque désespérément dans [leur] pacte référentiel[76] » et

71 Michel Murat, *Le Romanesque des lettres*, Paris, José Corti, collection « Les essais », 2017, p. 12.

72 René de Ceccatty, *L'Accompagnement*, *op. cit.*, p. 9.

73 Voir Dorrit Cohn, *Le Propre de la fiction* [1999], traduction française Claude Hary-Schaeffer, Paris, Le Seuil, collection « Poétique », 2001, p. 28.

74 Philippe Besson, *Son frère*, Paris, Julliard, 2001.

75 Voir par exemple les analyses de Roger Godard dans *Itinéraires du roman contemporain* (Paris, Armand Colin, 2006) sur « Philippe Besson, *Son frère* », p. 113-131.

76 Emmanuel Bouju, « Romans et tombeaux : l'insoutenable indétermination du genre », *L'Éclatement des genres*, Marc Dambre et Monique Gosselin-Noat (dir.), Paris, Presses de la Sorbonne Nouvelle, 2001, p. 321.

qu'ils ne souhaitent pas, dans le fond, le cacher[77]. On pense évidemment à Philippe Forest qui publie *L'Enfant éternel* sous le signe du roman avant de s'en défausser dès le début de son récit suivant. Dans *Tous les enfants sauf un*, il revient ainsi de façon critique sur cette porosité insatisfaisante avec la fiction dont il ressent les impasses : « Un roman me paraissait l'évidence. Mais cette évidence est aujourd'hui très lointaine. Il me semble qu'il aurait fallu tout présenter sans aucun artifice[78] ». Le chapitre qui suit immédiatement l'avant-propos dans lequel se situe cette réflexion revient alors sur les décalages référentiels induits, par exemple les noms : « Hélène – que j'ai appelée Alice dans mes romans et à qui je rends aujourd'hui son vrai prénom[79] ».

Cette fictionnalisation de façade est celle qu'on retrouve chez Catherine Cusset, mentionnée à la fin du premier chapitre, avec *L'Autre qu'on adorait*. Tout comme dans *L'Enfant éternel*, le texte est écrit à la première personne et les déplacements, légers, sont d'ordre onomastique ou, parfois, référentiel mais seulement par glissements. Exemple de « Roman vrai » comme dirait Forest en ce qu'il brouille les frontières, dans lequel l'identité du « je » ne fait guère illusion, le « CV[80] » donné correspond à celui de l'auteure, que ce soit à propos de la carrière d'enseignante débutante ou du sujet de thèse, et les pièces du puzzle sont assez transparentes pour qui souhaite enquêter. Le paratexte également contribue à atténuer le poids de la fiction[81].

L'ancrage générique revendiqué est donc secondaire : le texte lié au deuil sans nom dépasse les catégories pour s'incarner en tant que *projet*. C'est l'adéquation au projet entraînée par le pacte d'endeuillement qui prime. La fiction ne change rien au poids référentiel (explicite ou implicite) dont le texte est auréolé. Même quand le dispositif énonciatif mis en place est lui-même de l'ordre de la fiction, l'ancrage demeure. Dans *La Dernière Caresse*, par exemple, Catherine Guillebaud donne la parole à

77 Autre type de déplacement observable, celui qui s'opère par le biais d'une narration à la troisième personne comme dans *La Mort de Lara* de Thierry Consigny (*La Mort de Lara*, Paris, Flammarion, 2006) : si le texte se développe sous la forme d'un récit à la troisième personne qui tend à le fictionnaliser partiellement, protagonistes et histoire sont là aussi aisément identifiables et référentiables.

78 Philippe Forest, *Tous les enfants sauf un*, Paris, Gallimard, 2007, p. 9.

79 *Ibid.*, p. 11.

80 Catherine Cusset, *L'Autre qu'on adorait*, *op. cit.*, p. 32.

81 Voir par exemple « La dégringolade d'un surdoué », par Antoine Compagnon, *Le Point*, 1er septembre 2016.

son chien mourant. Dès l'*incipit*, tout est vu à hauteur d'animal : le chien met en scène sa fin proche, évoque sa maîtresse (« Elle ») ou le vétérinaire (« Blouse blanche »). La fiction donne ainsi à entendre la voix de celui qui n'en a pas, tout en résumant une (fin de) vie remplie d'amour. Pour l'auteure, c'est aussi un moyen de signifier son attachement à son animal au moment même où elle lui fait dire l'ultime détachement qui culmine dans l'*explicit* : « Il n'y avait qu'Elle, me tenant fermement, comme si Elle voulait me soulever et m'emporter ailleurs. C'était bon de sentir son corps penché sur moi. C'était comme une dernière caresse ». La fiction est ici utilisée comme relais des sentiments, moyen d'entrer de biais et de façon novatrice dans le deuil : là où une écrivaine comme Marguerite Yourcenar consacrait de discrets petits tombeaux à ses animaux (parfois non publiés comme le très beau « Tombeau de Valentine[82] »), Catherine Guillebaud donne à cette relation entre l'animal et l'homme toute son ampleur, non seulement en consacrant un long récit à la disparition de son setter anglais, mais, de surcroît, en lui donnant la parole. Cette manière de faire parler le mort (qu'on retrouve dans d'autres textes[83]) est ce qu'on pourrait appeler une fiction de processus.

La plupart des textes du corpus sont donc porteurs d'une interrogation sur la fiction. Eux-mêmes, en fait, jouent parfois des frontières réalité/imaginaire au sein de leur écriture. Vraisemblablement cette résonance fictionnelle leur permet-elle de composer moins difficilement avec les deuils problématiques que sont les leurs, parce qu'elle fait résonner les possibles de leur peine, aussi bien esthétiquement qu'intellectuellement. Elle n'atténue cependant en rien leur difficulté à faire histoire, parce que les histoires ont été brisées, parfois même avant qu'elles n'aient pu commencer. C'est le cas notamment des deuils parentaux marqués par une difficulté du *dire* qui se résorbe à peine dans un *dit* singulier et douloureux.

Exemple hyperbolique peut-être de ces deuils parentaux qui déstabilisent les cadres du récit, celui d'Hélène Cixous dans *Le Jour où je n'étais pas là* qui déjoue les frontières de la fiction en général et du récit en

---

82 Marguerite Yourcenar, « Tombeau de Valentine », Marguerite Yourcenar, *Sources II*, texte établi et annoté par Elyane Dezon-Jones, présenté par Michèle Sarde, Gallimard, collection « Les Cahiers de la nrf », 1999, p. 308-314.

83 Michel Rostain, *Le Fils*, *op. cit.* On pourrait aussi penser – hors du cadre des « deuils sans noms » – à *Lacrimosa* (Paris, Gallimard, 2008) de Régis Jauffret.

particulier pour aborder les rivages de la poésie. Dans ce « récimetière[84] », elle tente d'en savoir davantage sur la disparition de son fils, décédé en son absence, surgissant d'un « passé non seulement restauré mais transfiguré[85] ». Par bribes, le lecteur prend connaissance d'éléments sur l'existence de cet enfant disparu et différent. Mais son histoire, réduite aux conditions de sa disparition, va se révéler aussi labile que l'enfant lui-même (« l'enfant flou[86] »), peut-être parce que le mystère est ancien et que la réactivation/désactivation du secret est difficile :

> Nous n'avions jusqu'à ce jour jamais parlé de la fin, je ne sais pas pour quelles raisons, et voilà que ce jour-là, comme ayant traversé une mer de silence et de terre en creusant longuement sous le temps, arrivait, venait d'arriver, le jour de la fin de ce suspens qui avait duré des années et des années[87].

De réticence en révélation, le récit advient en effet, dans une polyphonie à trois voix, celle de Cixous, celle de sa mère et celle de son frère, enquête qui lève le voile sur les conditions de la disparition[88], interroge le handicap et travaille sur la question de la culpabilité. Faisant le récit finalement non pas tant de l'histoire de son fils que de l'enquête menée autour de sa disparition, Hélène Cixous se plonge dans un récit menacé de l'intérieur, toujours mis en suspens, le récit s'originant de cette perte qui le menace dans le même temps qu'elle le fait advenir : « Je pense que le récit va s'éteindre. *L'Enfant mal écrit* – que j'avais mal écrit[89]. »

84 Hélène Cixous, *Le Jour où je n'étais pas là*, Paris, Galilée, 2000, p. 167.

85 Catherine Brun, « Hélène Cixous, L'"avorton entêté" », *Transmissions et filiations, Revue des Sciences humaines*, n° 301, janv.-mars 2011, p. 164.

86 Hélène Cixous, *Le Jour où je n'étais pas là*, *op. cit.*, p. 54.

87 *Ibid.*, p. 87.

88 « C'est tout le sens de ce livre particulier qui est *Le Jour où je n'étais pas là*, car ce jour-là, qui est celui de la mort de l'enfant, non seulement Hélène n'était pas présente, mais peut-être (et c'est tout l'enjeu du livre) Ève elle-même, qui avait en charge l'enfant, emmené à Alger, n'était pas là non plus. Quoi qu'en dise le frère d'Hélène, qui au contraire témoigne de sa présence. Mais lui-même était-il là ? » écrit René de Ceccatty (« Écrire au présent, écrire au passé. Réflexions sur la mémoire de l'écriture », *Hélène Cixous. Corollaires d'une écriture*, Marta Segarra (dir.), Vincennes, Presses universitaires de Vincennes, 2019, p. 47).

89 Hélène Cixous, *Le Jour où je n'étais pas là*, *op. cit.*, p. 99.

PENSER L'ÉCRITURE DU DEUIL

Le texte réfléchi

Dans son désormais classique et incontournable essai de 1966, Vladimir Jankélevitch faisait de la mort un « monstre empirico-métempirique[1] », tout à la fois saisissable et repérable selon des « coordonnées de temps et de lieu » (sa dimension empirique) et en même temps « fait divers démesuré et incommensurable aux autres phénomènes naturels » (sa dimension métempirique). Ainsi envisagée, la mort tiendrait, selon le philosophe, du « mystère ». Cette conception qui actualise simultanément une certaine évidence de la mort et sa complexité résonne chez plusieurs auteurs du corpus, à l'instar de Christian Bobin insistant auprès de son amie disparue, au début de *La Plus que vive*, sur cette insaisissabilité : « Je réfléchis, je réfléchis énormément, je suis devant ta mort comme devant une énigme [...][2] ».

Énigme de la mort donc, que l'énonciateur assimile à une « pensée dont [il] ne sait trop ce qu'elle contient de tendre et de terrible[3] », mais aussi – glissement de perspective – *énigme du deuil*[4], la première entraînant la seconde dans cette débâcle intime qu'elle instaure en précipitant la perte des repères stables : « L'événement de ta mort a tout pulvérisé en moi[5] ». Cette phrase liminaire de l'*incipit* suggère cet autre mystère, celui des affects, tous décentrés à l'exception de l'amour[6]. Freud avait déjà attiré l'attention sur ce vertige en expliquant clairement que le deuil « est une *énigme*, un phénomène qu'on ne tire pas au clair et qui ramène à des choses obscures[7] ».

1 Vladlimir Jankélévitch, *La Mort* [1966], Flammarion, collection « Champs », 1977, p. 7.

2 Christian Bobin, *La Plus que vive* [Paris, Gallimard, 1996], Paris, Gallimard, collection « Folio », 1998, p. 188.

3 *Ibid.*, p. 20.

4 Nous empruntons ce rapprochement à *L'Énigme du deuil* de Laurie Laufer, Paris, Presses Universitaires de France, 2006, p. 13.

5 *Ibid.*, p. 13.

6 « Tout sauf le cœur » écrit Christian Bobin, *op. cit.*, p. 13.

7 Sigmund Freud, « Deuil et mélancolie », « Deuil et mélancolie », *Métapsychologie* [1917], traduction française Jean Laplanche et Jean-Bertrand Pontalis [Paris, Gallimard, 1968], Paris Gallimard, collection « Folio », 1986, p. 155. Nous soulignons.

Le deuil conduit donc à *penser*, dans plusieurs directions : penser la mort d'autrui, mais aussi sa propre mort (phénomène de miroir d'autant plus puissant dans les « deuils sans noms » que le défunt, à l'exception des disparitions d'enfant et d'animaux, est bien souvent de la même classe d'âge[8]). Sans aboutir à la constitution d'un savoir (Roland Barthes ne manque d'ailleurs pas de s'insurger à cet égard[9]), le travail du deuil se fait néanmoins réflexion intense.

Celle-ci prend une ampleur toute particulière dans les œuvres du corpus : sans relâche, les textes la mettent en perspective et déploient un regard acéré sur ce que l'écriture fait *à* et *avec* ce deuil. L'écriture est ainsi réfléchie elle-même, à la fois comme objet (dans ses visées) et comme pratique (en acte et en processus). Les « deuils sans noms » accentuent donc une caractéristique de l'écriture du deuil, celle d'une forme de métaréflexivité[10], qu'ils investissent de façon presque systématique.

LE LIVRE AU MIROIR DE SES FONCTIONS

Il est assez frappant de voir que la pratique d'écriture est mise en perspective tout au long des œuvres. La plupart des auteurs du corpus réfléchissent en effet à la portée de ce qu'ils sont en train d'accomplir, au cœur même du texte en cours d'élaboration (et non dans le secret de carnets ou d'avant-textes non publiés). Mais cette réflexion, contrairement peut-être aux attentes du lecteur, s'élabore davantage dans une perspective *téléologique* que *poétique*. Non pas « qu'est-ce qu'écrire le deuil », ce qui serait de l'ordre d'une interrogation métapoétique, mais plutôt : *pourquoi* écrire le deuil ?

8 Ainsi de Christian Bobin notant qu'il lui faudra « à [s]on tour [...] accompl[ir] ce pas minuscule que [Ghislaine a] fait dans la matinée du 12 août 1995 », aller « voir de l'autre côté de l'air et de la lumière » (p. 101) ou encore de Jérôme Garcin s'imaginant « mort, et enterré dans un autre cimetière que celui où [son frère] repose » (p. 142).

9 « À quoi AC répond : c'est ça, le deuil. (il se constitue ainsi en sujet du Savoir, de la Réduction) – j'en souffre. » (Roland Barthes, *Journal de deuil, 26 octobre 1977 – 21 juin 1978*, Paris, Le Seuil / Imec, collection « Fiction & Cie », 2009, p. 81)

10 Comme Annie Ernaux, au début de *La Place* (Paris, Gallimard, 1984), revenant sur les choix d'écriture opérés pour conduire le récit sur son père disparu, emblématique texte de l'auteure, qui lui fait rencontrer un très large public au milieu des années 1980.

Au gré des lectures, on pourrait recenser les différentes fonctions que ces écritures sont susceptibles de remplir. Il apparaît cependant plus opératoire de se concentrer sur les trois fonctions plus spécifiquement discernables : une fonction *d'interrogation du sens*, une fonction *réparatrice* et, enfin, une fonction *(contre) thanatique.*

Commençons par la première : le sens – ou son absence – est sans conteste au cœur des préoccupations des endeuillés. Si la perte ne transgresse pas frontalement une certaine logique temporelle dans le cas de la disparition des aïeux (parents, grands-parents) – quelle que soit la douleur par ailleurs engendrée par la disparition –, elle l'ébranle nettement dans le cas des « deuils sans noms » qui dérogent, de manière constitutive, à cette logique chronologique. Cette rupture de l'ordre temporel prend une acuité particulièrement forte dans le cas des deuils d'enfant qui contreviennent de façon scandaleuse aux normes de la succession générationnelle. Philippe Forest, dans son essai de 2007, en rappelle l'absence de sens intrinsèque, celui-là même que seule la littérature peut atteindre en tant qu'elle « ne transige jamais sur le *non-sens* qu'il lui revient de dire[11] ».

À défaut, donc, de pouvoir saisir le sens, c'est parfois vers une interrogation de la vérité, autre manière d'interroger le sens, que les parents endeuillés se déportent. Bérengère de Bodinat, qui ira jusqu'aux limites de l'occultisme dans l'espoir de l'entrevoir, reconnaît très clairement s'être lancée « dans l'écriture [...] comme dans une quête, la quête d'une vérité qu'[elle] n'avait pas eu la force, ni même l'idée, d'affronter depuis la disparition d'Adrien[12] ». Elle intitule d'ailleurs un des chapitres de son livre « quête de sens[13] ». Ce choix d'ériger la compréhension en tête de chapitre avait déjà été celui de Camille Laurens dans *Philippe* : sur les quatre grandes parties de son œuvre – qui marquent les quatre temps d'un cheminement tout à la fois intellectuel et endeuillé – l'une d'entre elles prend pour titre le très injonctif « Comprendre ». Un paragraphe explicatif met alors en avant ce besoin de saisie qui prend appui sur une analyse des diverses décisions médicales ayant conduit au drame : « Il y a deux strates à ce récit ; la première est celle de l'ignorance [...].

11 Philippe Forest, *Tous les enfants sauf un*, Paris, Gallimard, 2007, p. 168. Nous soulignons.

12 Bérengère de Bodinat, *Les Anges ne meurent jamais*, [Paris, Flammarion, 2015], « J'ai lu », 2016, p. 239.

13 *Ibid.*, p. 50.

La seconde est celle de la connaissance[14] ». Mais la compréhension des événements ayant précipité le décès ne vaudra pas pour autant *don de sens* : raison(s) n'est pas signification. À l'issue de son texte, Bernard Chambaz le formule fort justement en écrivant que « [l]e récit n'est pas chargé de donner du sens *à ce qui n'en a pas*. Il n'y aura *pas plus de sens* avant qu'après[15] ».

La deuxième fonction massivement mise en question par les « deuils sans noms » est celle de la réparation, peut-être justement parce que le préjudice subi est particulièrement choquant quand il peine à être reconnu ou circonvient aux logiques temporelles. Face à la douleur, l'écriture consolerait-elle ? Les analyses réflexives menées par les auteurs du corpus conduisent à conclure que l'écriture n'y parvient pas : la logique de réparation est massivement rejetée.

Certaines métaphores permettent d'éclairer la façon dont l'écriture peine à remplir ce rôle, comme l'image du creux à combler chez Camille Laurens et Laure Adler. Toutes deux soulignent le désir de maîtrise que pourrait apporter l'écriture. « Écrire, mettre des mots dans le trou, colmater » avance Camille Laurens, tandis que Laure Adler précise : « J'écris pour tenter d'approcher avec des mots cette forme vide en moi, la circonscrire[16] ». Mais toutes deux aboutissent à l'impossibilité de transmuer l'absence : « Les mots ne comblent rien. Les mots manquent[17] » conclut Camille Laurens ; « Je sais depuis dix-sept ans que la douleur est et demeurera ma compagne[18] » explique Laure Adler, qui note même explicitement le renoncement primordial qui l'habite : « Je n'écris pas pour apaiser la douleur ».

Cette absence de fonction réparatrice, fréquente dans le métatexte des « deuils sans noms », a été particulièrement théorisée par Philippe Forest. Le constat est sans appel pour lui : « Je ne sais pas si mes romans m'ont guéri de la douleur d'avoir perdu ma fille. Je ne le pense pas.

14 *Ibid.*, p. 34.

15 Bernard Chambaz, *Martin cet été*, Paris, Julliard, 1994, p. 241. Nous soulignons.

16 Laure Adler, *À ce soir*, Paris, Gallimard, 2001, p. 48.

17 Camille Laurens, *Philippe*, Paris, P.O.L, 1995, p. 101. Sur l'« écriture comme trou », voir Barbara Havercroft, « L'écriture du deuil chez Camille Laurens », *Le Roman français de l'extrême contemporain. Écritures, engagements, énonciations*, Barbara Havercroft, Pascal Michelucci et Pascal Riendeau (dir.), Québec, éditions Nota bene, collection « Contemporanéités », 2010, p. 325 *sq.*

18 Laure Adler, *À ce soir*, *op. cit.*, p 47.

Sinon un seul livre aurait suffi[19] ». D'où son refus affirmé haut et fort de la « littérature thérapeutique ». Réfléchissant sur *L'Enfant éternel* dans *Toute la nuit*, il revient sur l'échec latent de réparation[20] et se moque de la « pensée (si commune dans le clergé littéraire) qui vou[dr]ait que les mots triomphent de la mort[21] ».

Il semble cependant que ce « clergé littéraire » ait changé de religion puisque l'idée d'une écriture qui n'apaise pas est de plus en plus couramment exprimée : deux parutions récentes vont dans ce sens. Dans *Dernières nouvelles du martin-pêcheur*, Bernard Chambaz s'inscrit dans cette perspective :

> 19 ans ont passé. Le deuil ne passe pas. Si le chagrin s'est atténué, il reste vrillé. Pas question de faire notre deuil, de s'y faire, comme si nous devions renoncer à ce qui fut, comme s'il y avait un temps pour ça, le deuil, et un temps pour passer à autre chose[22].

Même développement chez Jean-Marie Laclavetine, en deuil de sa sœur, qui avance ne pas croire « à la vertu réparatrice de l'écriture » et précise : « La littérature ne répare pas, elle rend possible une autre vie, elle permet aux flux vitaux confinés dans l'obscurité de recommencer à circuler, de passer d'un corps à l'autre, d'un cœur à l'autre[23] ».

Les deux premières fonctions abordées de façon métareflexive dans les textes se caractérisent donc, finalement, par des refus : refus de l'attribution de sens, refus de la réparation[24]. Les idées préconçues concernant la visée de l'écriture du deuil sont ainsi battues en brèche dans le corpus : il ne s'agirait ni de donner du sens à des disparitions qui n'en ont guère, ni de s'inscrire dans un chemin de deuil accompli.

---

19 Philippe Forest, *Tous les enfants sauf un*, *op. cit.*, p. 167. Il ajoute un peu plus loin (p. 169) : « Sauvé ? Certainement non. Guéri ? Même pas. Vivant ? Tout juste ».

20 On pourra lire à ce sujet *Réparer le monde* (Paris, José Corti, 2017), d'Alexandre Gefen (ainsi que « Les injonctions paradoxales du récit de deuil », *Philippe Forest une vie à écrire*, Aurélie Foglia, Catherine Mayaux, Anne-Gaëlle Saliot et Laurent Zimmermann (dir.), Paris, Gallimard, Les Cahiers de la NRF, 2018, p. 26-38).

21 Philippe Forest, *Toute la nuit* [Paris, Gallimard, 1999], Paris, Gallimard, collection « Folio », 2012, p. 246.

22 Bernard Chambaz, *Dernières nouvelles du martin-pêcheur*, Paris, Flammarion, 2014, p. 26.

23 Jean-Marie Laclavetine, *Une Amie de la famille*, Paris, Gallimard, 2019, p. 67.

24 Nous n'en avons donné que quelques exemples, mais ce refus est très fréquent. On pourrait citer d'autres textes comme *Même la nuit quand je dors* (Paris, Albin Michel, 2013) : « Mais écrire n'est pas une thérapie » avance Anne Dodemant qui exacerbe sa résistance face à toute dimension cathartique de l'écriture : « La mort d'un enfant est une tragédie dont je ne veux pas guérir » (p. 13).

La troisième fonction que l'on peut dégager est celle d'une action (contre)thanatique qui se développe dans deux directions : la première, commune à toutes les écritures du deuil, est celle de permettre la survie symbolique du disparu ; la deuxième, plus novatrice, est celle qui consiste à assurer la présence du défunt en tant que source *ante-mortem* de l'œuvre.

Assurer la survie symbolique du défunt *dans* puis *par* l'œuvre est une visée que l'on retrouve fréquemment dans le corpus, quelle que soit la nature de la disparition : amicale (Michaël Ferrier veut « lutter contre cette seconde mort qu'est l'oubli[25] »), fraternelle (Olivia de Lamberterie souhaite écrire « pour prolonger l'existence d'Alexis, l'empêcher de sombrer[26] ») ou filiale (depuis la perpétuation de « l'amour » qui a « si longtemps gouverné » parents et enfants comme le note Bernard Chambaz, jusqu'à la résurrection des disparus hyperboliquement avancée par Geneviève Jurgensen : « Ces lettres ramènent mes filles dans ma vie[27] »). Jérôme Garcin résume cette fonction testimoniale en invoquant « l'incroyable pouvoir de la littérature, qui à la fois prolonge la vie des disparus et empêche les vivants de disparaître ». Laure Adler pousse encore plus loin cette double action lorsqu'elle donne à penser son livre comme trace incorporée du disparu, tant textuelle que charnelle : « Ces lignes comme signe de vie et dans l'espoir que la vie que je lui ai donnée [à Rémi] *est celle qui continue en moi*[28]. » Envisagée de façon plus large encore, cette incarnation textuelle trouve son avènement dans l'« être de papier[29] » dont parle Philippe Forest ou la « créature de papier[30] » mentionnée par Olivia de Lamberterie. Sorte de corps glorieux accompli par la grâce de littérature, le disparu est ainsi assuré par sa transsubstantiation scripturale d'une certaine postérité. Camille Laurens le synthétise dans

25 Michaël Ferrier, *François, portrait d'un absent*, Paris, Gallimard, collection « L'Infini », 2018, p. 37.

26 Olivia de Lamberterie, *Avec toutes mes sympathies*, Paris, Stock, 2018, p. 137.

27 Geneviève Jurgensen, *La Disparition* [Paris, Calmann-Levy, 1994], Paris, Le Livre de Poche, 1995, p. 29.

28 Laure Adler, *À ce soir*, *op. cit.*, p. 61. Nous soulignons. Dans « Les traces vivantes de la perte : la poétique du deuil chez Denise Desautels et Laure Adler », *Narrations contemporaines au Québec et en France : regards croisés*, Robert Dion et Andrée Mercier (dir.), Montréal, Voix et images, 2010, vol 36, no 1, p. 90), Barbara Havercroft ajoute que « ce que cette dernière phrase métatextuelle met en évidence, c'est la notion d'intériorisation de l'autre proposée par Derrida dans ses écrits sur le deuil. L'autre défunt ne survit qu'en nous, et Adler lie ce geste d'intérioriser l'autre à l'acte d'écrire sur lui et pour lui ».

29 Philippe Forest, *L'Enfant éternel*, *op. cit.*, p. 399.

30 Olivia de Lamberterie, *Avec toutes mes sympathies*, *op. cit.*, p. 249.

une formule dont la brièveté est inversement proportionnelle à la portée contre-thanatique : « on écrit pour faire vivre les morts[31] ». En ce sens, il en va des « deuils sans noms » comme des autres.

Mais il est une dimension plus originale – et novatrice – de cette littérarisation du défunt dans les « deuils sans noms » : celle qui consiste à en faire l'origine du livre, au sens propre du terme, non dans sa disparition mais dans son impulsion première (il est celui/celle qui suscite le livre). Écrire est alors non seulement une manière de le prolonger mais d'acter sa volonté. Olivia de Lamberterie, au hasard de ses déambulations sur Facebook, retrouve ainsi un message de son frère, envoyé un an plus tôt, lui disant : « "Écris ton livre"[32] ». Elle répond aussitôt à cette injonction qu'elle rappelle dans l'*incipit* et précise : « Oui, je vais m'y coller, pour toi, pour moi[33]. » Même si le livre en cours de réalisation n'est pas celui initialement envisagé, le message du frère en devient la source. Cette antériorité d'un projet d'écriture précédant la disparition se retrouve chez Vanessa Schneider qui regrette : « Ce livre, nous aurions pu le faire ensemble. Nous avions prévu de le faire ensemble ».

Écrire se donne ainsi comme une continuité avec celui/celle qui est disparu, une manière de le/la prolonger dans un accomplissement qu'il/elle aurait, implicitement au moins, initié. Dans *La Gloire d'Inès*, cette incitation est orchestrée de façon sensible et littéraire, par le biais d'une forme de mise en abyme. Tombant par hasard sur un poème de sa fille, Philippe Delaroche y découvre les vers suivants : « Ma place est dans un livre / Si Balzac pouvait me faire vivre dans un roman / Je serais la plus heureuse / Des malheureuses amoureuses[34] ». Le père éploré ne peut alors que répondre à cette demande, voulant faire « entendre sa voix », « suggérer sa lumière ». Tendrement, il note : « il fallait qu'un livre fasse place à la petite amoureuse malheureuse ». Comme si la voix du mort, finalement, s'élevait *ex sepulcro*[35], pour que l'endeuillé écrive.

---

31 Camille Laurens, *Philippe*, Paris, P.O.L, 1995, p. 74.

32 Olivia de Lamberterie, *op. cit.*, p. 18.

33 *Ibid.*, p. 19.

34 Philippe Delaroche, *La Gloire d'Inès*, Paris, Stock, 2016, p. 247.

35 Poussée à l'extrême, cette situation sera celle de Bérengère de Bodinat quand elle explique apprendre par une médium que le livre qu'elle écrit répond au souhait de son fils (p. 235).

L'ÉCRITURE DU DEUIL AU MIROIR D'ELLE-MÊME

Outre la pensée de l'écriture et de ses fonctions, les œuvres liées aux deuils sans noms se caractérisent, à un deuxième niveau, par une double réflexion de l'écriture qu'on pourrait qualifier de *réflexion scénique* (l'écriture représentée en acte) pour la première et de *réflexion psychique/processuelle* (l'écriture en pensée/processus) pour la seconde. La plupart de ces œuvres permettent en effet d'apercevoir non seulement les conditions mêmes (réelles ou symboliques) de l'écriture, mais également leur processualité.

RÉFLEXION SCÉNIQUE

On sait que l'écriture épistolaire, tout comme l'écriture diaristique, est fortement liée à un espace-temps qui non seulement la constitue esthétiquement mais qu'elle peut aussi s'ingénier à restituer littérairement : les références à la situation spatiotemporelle d'énonciation font ainsi partie des stéréotypes fréquents. Il n'en va pas autrement dans le cas des écritures de ces « deuils sans noms », quand la forme-cadre emprunte à ces genres. Ainsi de Jérôme Garcin précisant à son frère disparu qu'il lui « écrit près du feu de la cheminée[36] » dans une mention qui relève quasiment du cliché (l'image romantique de l'écrivain devant l'âtre) et suggère la dimension intime de l'échange. Si cet ancrage spatiotemporel ne reflète ici aucun particularisme de situation, d'autres au contraire mettent en regard *lieu* et *visée* d'écriture.

David Lelait souligne ainsi comment l'écriture endeuillée nécessite une certaine configuration. Pour lui, la condition *sine qua non* de cet avènement est celle d'une sorte de suspens lié à ce qui relève du « non-lieu » (à la Marc Augé[37]) ou peut-être d'une présence décalée à soi et aux autres rappelant le « je me voyage » de Julia Kristeva[38]. L'auteur de *Poussière d'homme* explique en effet qu'il lui faut se décentrer pour écrire le deuil : « Alors, pour te chercher je m'absente, je prends des trains. C'est là que je noircis mes carnets. J'ai besoin de ce roulis, du rythme du

36 Jérôme Garcin, *Olivier*, Paris, Gallimard, 2011, p. 65.

37 Marc Augé, *Non-lieux, introduction à une anthropologie de la surmodernité*, Paris, Le Seuil, « La librairie du XXIe siècle », 1992.

38 Julia Kristeva, *Je me voyage, Mémoires, entretiens avec S. Dock*, Paris, Fayard, 2016.

wagon qui se frotte au fer de la voie. Je fuis le lieu de ma désespérance, je passe le temps comme il me passe dessus[39] ».

A contrario, d'autres s'ancrent dans un paysage intime qui joue de la proximité avec le défunt. Évoquant le cadre dans lequel il compose son œuvre, Christian Bobin évoque ainsi le lieu de l'écriture : « Tu connais la pièce où j'écris. Tu venais y lire mes brouillons, j'aimais te montrer ce qui ne se montre pas : le négligé de l'écriture, son état au réveil[40] ». Dans cette précision, Christian Bobin reproduit au fond quasiment la même scène, non pas le partage du « négligé de l'écriture » mais quelque chose d'assez proche, le partage de ses conditions d'élaboration. Le lieu de l'écriture est convoqué dans son lien au défunt, comme si le texte de deuil se nourrissait de cet espace profondément lié au disparu.

Bernard Chambaz apparaît assez emblématique à cet égard dans sa manière d'orchestrer un récit qu'il ancre concrètement dans l'espace filial. Dès le début de *Martin cet été*, en effet, il explique qu'il s'installe « dans la chambre de Martin, sur son bureau Louis-Philippe[41] ». Pas dupe de son choix, il le justifie dans un discours binaire où rationnel et irrationnel se disputent la primeur : « Moitié par fétichisme (l'idée obscure que ce doit être ma place), moitié par la force de choses (ma table de travail est envahie par les livres [...]) »). S'ensuit alors une topographie de cet environnement. L'énumération des objets qui constitue le décor de l'adolescent confirme que l'espace est choisi pour sa dimension symbolique (plus que pratique), tant et si bien que la description constitue *in fine* une amorce du travail d'écriture ayant pour *objet* l'enfant disparu et pour *origine matérielle et narrative* son propre bureau. À la fin de ce chapitre, l'auteur se donne de nouveau à voir installé à ce bureau, dans une instantanéité que renforce le présent (« Je suis donc assis, au bureau, sur le fauteuil à roulettes d'un jaune aussi éclatant que le soleil des Justes[42] »). En écho, le tout dernier chapitre de *Martin cet été* se clôt par un retour sur le lieu hautement significatif, sentimentalement et scripturalement, de l'énonciation : « Il faut finir [...]. Je vais quitter la chambre de Martin, sa table de travail où j'ai écrit ce livre inimaginable. » Une dernière fois, l'auteur parcourt alors durant deux pages

39 David Lelait, *Poussière d'homme*, Paris, éditions Anne Carrière, 2006, p. 43.
40 Christian Bobin, *La Plus que vive*, *op. cit.*, p. 31.
41 Bernard Chambaz, *Martin cet été*, *op. cit.*, p. 14.
42 *Ibid.*, p. 21.

l'espace qui était tout à la fois celui de son fils et celui de l'écriture, les deux finalement réunis dans « ce livre inimaginable » que le lecteur tient en main depuis le début mais dont on lui rappelle les conditions d'élaboration concrètes. L'ancrage spatial est donc rappelé au début et à la fin : l'auteur donne à voir les coulisses de son récit qui sont tout à la fois les bornes du livre achevé et celles de l'écriture en cours. La référentialité se transmue en élément intrinsèque de l'écriture du deuil.

Mais cette référentialité elle-même peut se déréférentialiser pour prendre une tournure symbolique : l'écrivain ne donnant plus à voir le lieu réel de l'écriture du deuil mais le lieu imaginaire de l'énonciation. Si Camille Laurens, dans *Philippe*, se met en scène dans la quotidienneté de son écriture (« Chaque jour, devant le papier blanc comme penchée sur le bébé mort : je pleure »), elle n'actualise ce faisant qu'une répétition désincarnée, sans précision spatiale. Elle ne se précisera qu'en fin de parcours narratif, quand elle s'interrogera sur ce qu'Annie Ernaux appellerait le « vrai lieu[43] ». Elle part alors d'un lieu concret qui va lui permettre de conceptualiser son véritable lieu d'écriture. Il s'agit d'un siège d'aéroport (autre « non-lieu », comme le train de David Lelait) dans lequel elle raconte s'être assise et avoir entendu une conversation relativement cynique sur le deuil : celle de commerçants ayant choisi de se spécialiser dans les fleurs de deuil parce que « ça permet de prendre du second choix ; c'est pas la cliente qui va venir réclamer ! ». Blessée, l'auteure entérine la dégradation à laquelle le deuil est inéluctablement soumis : « Mis en contact avec le monde qui va et vit, comme tout objet jeté dans un milieu hostile, [la mort et le deuil] se corrompent ». Elle poursuit en donnant une ampleur symbolique à ce lieu :

> Ce siège d'aéroport où, ni ange ni bête, du fond d'une douleur étouffante, je suis capable – et contente qui sait ? – d'entendre le monde, ni ange ni bête, ce siège d'aéroport, sous la lumière crue des néons, est à la fois le lieu exact d'où j'ai écrit la mort de Philippe, mais sans doute aussi celui d'où j'ai toujours écrit[44].

Le (non) lieu revendiqué est ici celui dans lequel l'intime et le monde se croisent et se confrontent, celui dans lequel le deuil prend son risque d'exposition. Un lieu décentré pour écrire le décentrement de l'endeuillée

43 Annie Ernaux, *Le Vrai lieu*, Paris, Gallimard, 2014.
44 Camille Laurens, *Philippe*, *op. cit.*, p. 66-67.

et manifester sa porosité à ce qui n'est pas sa douleur et le menace par le jeu de la distanciation. À l'orée du chapitre qui s'intitule « Écrire » et dans lequel il sera question des raisons et des buts de l'écriture endeuillée, Camille Laurens donne donc à voir le lieu symbolique de cette écriture, un lieu d'exposition où l'écriture s'ouvre à ce qui constitue l'espace extérieur et la met en danger tout en l'aiguillonnant.

Avec un degré encore supplémentaire d'abstraction, Hélène Cixous gomme tout référentialité concrète aux lieux de l'écriture pour faire du livre lui-même non seulement le lieu de l'écriture mais aussi son impulsion. L'œuvre est en elle-même sa propre scène de réflexion, à tous les sens du terme. Le livre s'allégorise pour devenir un protagoniste que l'un des derniers paragraphes de l'œuvre met particulièrement en perspective dans un dialogue agonistique :

> Demande-lui – dit le livre – non dis-je – demande-lui si elle a oublié dit le livre – mais c'est une question absurde dis-je – mais quand même –[45].

Ce faisant, le livre devient son propre moteur et les scènes de dialogue jouent comme autant d'entrées dans le processus de rédaction, à la façon d'un miroir qui constituerait déjà l'œuvre : « "Pensai-je" dit le livre. "Ajoute ces mots" dit le livre. "Elle sait peut-être et toi tu ne sais rien" dit le livre[46] ». Pas de cadre scénique donc, comme un texte de théâtre sans didascalies, une mise en scène librement confiée au lecteur, absente dans la forme mais présente dans l'esprit.

RÉFLEXION PROCESSUELLE

La deuxième dimension réflexive de ces textes de deuil tient plus particulièrement à la façon dont ils donnent à observer leurs propres conditions d'élaboration textuelle, autrement dit la façon dont ils exhibent et interrogent leur processus de création. Cette processualité peut être envisagée selon trois étapes qui ne sont pas sans résonances avec les problématiques soulevées par les temporalités du deuil : *initiation*, *continuation* et *finalisation*.

---

45 Hélène Cixous, *Le Jour où je n'étais pas là*, Paris, Galilée, 2000, p. 190.
46 *Ibid.*, p. 187.

Initiation

L'initiation, comprise comme commencement de l'œuvre, est particulièrement importante car elle pose la question de l'entrée non dans le temps du deuil mais de celui de son écriture. Certes, la plupart des auteurs écrivent à proximité temporelle de la disparition, mais quelques-uns le font à distance, comme Jean-Marie Laclavetine chez qui le décalage prend une proportion relativement hors norme (« Sans doute fallait-il que mes parents soient morts pour que je me décide à écrire ce livre *que je porte en moi depuis 50 ans*[47] », nous soulignons) ou encore Annie Ernaux qui s'autorise le récit plus de soixante après la mort de sa sœur (« Je ne pouvais pas ou je ne voulais pas – les deux fusionnent quand il s'agit du soi passé – entrer dans [la] douleur [de mes parents][48] »). Peut-être peut-on interpréter cette saisie tardive de l'événement pour ces deux auteurs comme une forme de pudeur respectueuse par rapport aux parents, considérés comme les protagonistes premiers du drame, même si Jean-Marie Laclavetine et Annie Ernaux[49] sont, chacun à leur façon, également endeuillés.

Si les auteurs ne mettent pas tous systématiquement en lumière l'entrée même dans le texte, un grand nombre d'entre eux reviennent néanmoins de façon explicite sur cette première étape d'élaboration tant sentimentale que processuelle, parce qu'elle permet d'articuler mort et écriture. Sophie Daull, emblématiquement, écrit à la première page de son journal qu'elle veut « […] mettre au propre et […] donner une suite aux quelques lignes […] griffonnées sur un cahier bleu, cinq jour après [l]a mort [de sa fille][50] ». Le projet et son commencement sont ainsi explicitement donnés à lire : l'impulsion première de l'écriture est de maintenir une proximité par-delà la mort, une façon de sauvegarder le lien.

Mais cette entrée dans l'écriture n'est pas si évidente. L'écriture est également une manière de remaniement psychique par rapport à la

47 Jean-Marie Laclavetine, *Une amie de la famille*, *op. cit.*, p. 143.

48 Annie Ernaux, *L'Autre fille*, *op. cit.*, p. 55.

49 Dans « Écriture et sépulture dans *L'Autre fille* d'Annie Ernaux » (*French Forum*, vol. 41 no. 1, 2016, p. 5-15), Barbara Havercroft pose le problème du deuil parental dans son lien à la narratrice (p. 6).

50 Sophie Daull, *Camille, mon envolée* [Paris, Philippe Rey, 2015], Paris, Le Livre de Poche, 2016, p. 11.

disparition de l'être perdu dont le texte entérine l'absence (même s'il s'inscrit contre celle-ci) tout en précipitant (aux deux sens du terme) sa disparition. Dans *L'Autre fille*, Annie Ernaux – qui va multiplier les retours métareflexifs dans ce récit consacré à sa sœur – propose dès la fin de *l'incipit* une réflexion sur l'écriture du livre en cours et met en avant une forme de résistance face à l'avancée dans le projet : « Je voudrais continuer à décrire ces vacances-là, *retarder*[51] ». La réticence exprimée, si elle ne porte pas sur l'entrée même dans le récit, pose néanmoins la question de son élaboration balbutiante puisqu'elle surgit au début du récit : avancer dans l'écriture, mais à quel prix ?

Cette résistance par rapport à l'écrit n'est d'ailleurs pas un *hapax* ernausien. Elle est exprimée par d'autres auteurs, dès les pages liminaires, pour des raisons différentes : passer à l'écriture du deuil vécu, c'est s'arracher à une situation donnée, quelle qu'elle soit, et, parfois, courir le danger d'instaurer une instabilité potentiellement plus douloureuse. « Écrire, note Geneviève Jurgensen dans le premier paragraphe de *La Disparition*, c'était mettre la vie en forme pour souffrir moins. Souffrir était ma dernière façon d'aimer mes enfants[52] ». Il reviendra au lecteur de terminer le syllogisme implicite qui, une fois reconstitué, explique le recul exprimé. Même réticence à entamer l'écriture chez Colette Guedj qui précise avoir mis trois ans à se décider et avoue redouter d'oublier encore plus sa fille dans l'écriture avant de convenir du caractère « spécieux » de l'argument.

S'il est difficile de commencer, certains auteurs vont pourtant multiplier les commencements, en *re*-commençant. Parfois, en effet, l'écriture du deuil ne se cristallise pas dans *une* œuvre unique mais se diffracte dans plusieurs écrits. Philippe Forest, nous l'avons déjà évoqué, illustre ce retour avec la publication d'un deuxième livre à proximité immédiate du premier mais il n'est pas le seul : Bernard Chambaz de manière très différente, se lance dans l'écriture d'un deuxième livre longtemps après le premier *opus*.

Malgré des poèmes « dont le moteur consistait à donner d'improbables nouvelles de Martin », Bernard Chambaz ne s'était jamais relancé dans une entreprise de deuil ayant l'envergure de *Martin cet été*. Au début de *Dernières nouvelles du martin-pêcheur*, il expose ainsi son retour à l'écriture

51 Annie Ernaux, *L'Autre Fille*, *op. cit.*, p. 14. Nous soulignons.

52 Geneviève Jurgensen, *La Disparition*, *op. cit.*, p. 7.

du deuil et la volonté de dépasser cet investissement inabouti dans un nouveau projet : « Depuis 19 ans, [...], je n'écris que de biais à ce "sujet", mais je n'ai pas écrit de livre sans qu'il "en" soit. Aujourd'hui, j'y reviens de front [...][53] ». Il embraie alors sur le moment fondateur, celui au cours duquel il a appris la mort de son fils. *Dernières nouvelles du martin-pêcheur* est ainsi une sorte de continuation décalée dans le temps du premier livre, un peu comme Noëlle Châtelet l'avait fait pour sa mère avec *Suite à La Dernière Leçon*[54].

Chez Philippe Forest, en revanche, la geste narrative est différente. Non plus continuation mais *répétition* avec *décentrement*. Dans *Toute la nuit*, il se lance deux ans après *L'Enfant éternel* dans une nouvelle écriture autour de la disparition de Pauline et la fin du prologue met en lumière l'impulsion du nouveau récit :

> J'étais pris dans le scintillement de ces songes microscopiques qui, tous, ne me rendaient pas Pauline, mais qui tous, me parlaient de son absence. J'ai décidé de penser que tel était le signal qu'elle m'adressait, et j'ai écrit le roman qui commence ainsi[55].

Chacun de ces re-commencements est ainsi saisi de manière réflexive, interrogé dans ses raisons et ses finalités. Par le biais du quasi déictique, Philippe Forest insiste presque concrètement sur l'avènement du livre que le lecteur tient en main.

Les seuils des œuvres portant sur les deuils sans noms sont donc des zones textuelles propices à la mise en perspective du processus d'écriture, qu'ils soient ceux d'un livre unique ou ceux d'un livre s'inscrivant dans une perspective davantage sérielle.

Continuation

Outre leur début, les textes pensent également la *continuation*. Qu'en est-il une fois l'écriture amorcée ? Le cheminement est-il plus facile ? Pas de certitude en la matière : aucune règle ne peut se dégager, ni en raison du temps qui sépare du deuil, ni en fonction de la nature du

53 Bernard Chambaz, *Dernières nouvelles du martin-pêcheur*, *op. cit.*, p. 16.

54 Noëlle Châtelet, *La Dernière Leçon*, Paris, Le Seuil, 2004 ; *Suite à La Dernière leçon*, Paris, Le Seuil, 2015.

55 Philippe Forest, *Toute la nuit*, *op. cit.*, p. 18.

deuil. Chaque cheminement est placé sous le signe d'une singularité propre à la perlaboration individuelle. Si Sophie Daull vit l'écriture de son journal comme une manière d'apaisement et de ressourcement la rapprochant de sa fille disparue (« Je suis rentrée à Montreuil, chaton. Depuis hier. Je n'ai qu'une envie, c'est d'être avec papa et continuer à écrire ce texte. D'être avec toi, donc[56] »), d'autres comme Geneviève Jurgensen vivent cette communion de pensée avec les disparues comme une torture (« la terrifiante absence de mes filles, dilatée par ces lettres, engendre une vraie panique[57] »). À chaque fois, l'écriture est désignée dans le texte comme un opérateur de lien exacerbant différentes réactions face au deuil vécu, de la compensation apaisée du manque à la répétition douloureuse de l'absence.

La difficulté majeure que les auteurs abordent quand ils soulèvent la question de la continuation de ces écrits est celle qui porte sur la poursuite du récit, au moment même de son élaboration, question métatextuelle s'il en est. Certains l'abordent avec distance, voire légèreté comme Jean-Marie Laclavetine – les cinquante années passées depuis la disparition facilitant le recul (« Que ce récit suive son cours tel qu'il s'élabore de lui-même au petit vent des réminiscences, des réflexions, des rencontres, et nous verrons ce qu'il en advient[58] »), d'autres en soulignent la difficulté extrême, comme Geneviève Jurgensen, déstabilisée par le retour sur le vécu (« je ne veux pas de ce récit[59] ») ou Annie Ernaux : n'ayant pas connu sa sœur, elle souligne l'aporie à laquelle son écriture se heurte, tout en la dépassant (« Je n'ai pas d'autre souvenir de toi que celui d'une scène imaginée l'été de mes dix ans [...] Tu es une forme vide impossible à remplir d'écriture[60] »). Pour cette dernière, la véritable question est en fait celle de la possibilité même de la mise en récit comme nous l'avions vu dans le deuxième chapitre[61] : « Je ne peux pas faire un récit de toi ».

---

56 Sophie Daull, *op. cit.*, p. 78.
57 Geneviève Jurgensen, *op. cit.*, p. 88.
58 Jean-Marie Laclavetine, *op. cit.*, p. 33.
59 Geneviève Jurgensen, *ibid.*, p. 15.
60 Annie Ernaux, *L'Autre Fille*, *op. cit.*, p. 54.
61 Voir Chapitre II.

Finalisation

Si commencer à écrire, ainsi que nous l'avons observé dans les commentaires métatextuels des *incipits* de notre corpus, est particulièrement problématique dans le cadre des écrits du deuil, envisager la *fin* du texte l'est tout autant. Claude Coste propose une métaphore qui insiste sur le suspens lié à l'écriture : « Tant qu'il marche devant Eurydice, l'écrivain, tel un nouvel Orphée, ne sait pas qui il est et ce qu'il a fait ; tant qu'il travaille, l'écrivain coïncide avec lui-même, s'appréhende comme une totalité heureuse (je suis celui qui écrit) et retarde autant que possible le moment de se retourner – ce moment du mauvais recul qui constitue l'œuvre en œuvre et le sujet en auteur[62] ». Être dans l'écriture permet ainsi de détourner le regard d'une perte définitive que la fin de l'écriture même risque d'entériner et de fixer dans un mouvement de séparation définitif. Penser la fin, particulièrement dans une œuvre du deuil, est donc un acte encore éminemment difficile, davantage que penser le début : devenant auteur d'une œuvre, l'écrivain se détache de son sujet qu'il constitue comme extériorité. Le véritable enjeu de ce seuil ultime n'est alors pas tant herméneutique[63] (comme c'est le cas dans le roman et la fiction) qu'ontologique : la clôture textuelle qui n'engage au final pas tant la relation avec le lecteur que celle du soi scripteur avec le défunt, qu'il soit destinataire actualisé ou simplement sujet du texte. Finir, dans le cadre des écritures endeuillées, touche ainsi doublement au domaine ontologique, atteignant tout à la fois l'être de celui *qui parle* et l'être de celui *dont on parle*.

Deux façons d'envisager cette fin du texte se dégagent dans ces écrits du deuil. La première est celle qui se concentre sur la *finalisation* du texte dans sa relation présente au disparu (le texte comme lien actualisé au défunt), la deuxième est celle qui se focalise sur la *finalité* du texte dans sa relation terminée au disparu (le texte comme lien accompli au défunt).

Les œuvres de Michaël Ferrier et de Sophie Daull illustrent de façon différente cette première dimension, celle qui est articulée sur la

62 Claude Coste, « *Roland Barthes par Roland Barthes* ou Le démon de la totalité », *Recherches & Travaux*, 75 | 2009, p. 45.

63 Voir Andrea Del Lungo, « En commençant et en finissant. Formes d'une relation herméneutique », *Le Début et la fin du récit. Une relation critique*, Andrea Del Lungo (dir.), Paris, Classiques Garnier, 2010, p. 7-22.

finalisation d'un texte qui interroge lui-même ses limites et ses possibilités de conclusion.

Dans *François, portrait d'un absent*, Michaël Ferrier termine son récit par un retour sur le moment de la disparition de son ami, emporté par une vague mauvaise sur une plage des Canaries. À l'approche de l'écriture de la scène ultime, il ne peut que constater son impossibilité à poursuivre cette enquête (« Déjà, je suis à la limite, le moment approche où moi non plus je ne pourrai aller plus loin »). Le texte est alors envisagé comme une ultime rencontre avec les disparus dans l'espace-temps offert par l'écriture :

> Maintenant, je ne peux que me tenir avec eux à cet instant précis de la narration et la maintenir la plus douce, la plus aimante possible, coûte que coûte, pour les envelopper d'une phrase, la plus tendre possible, un vêtement ponctué où flotte une dernière fois leur sourire, pour leur redonner un peu de cet air libre et de cette chaleur qui à cet instant leur ont tant manqué[64].

Michaël Ferrier prend acte de la fin à venir, celle d'une énonciation qui se tarit et atteint les limites de ses conditions d'existence. L'adieu aux amis se précise dans une image poétique où le texte est rappelé dans son étymologie ; le tissu verbal jouant sur le tissu concret tout en se transmuant en tissu symbolique.

Cet adieu que le texte réfléchit dans ses dernières pages, manière de prendre congé du disparu après l'avoir longuement convoqué, prend une tournure plus poignante encore chez Sophie Daull qui, si elle joue également de la métaphore, insiste davantage sur son ressenti propre et sa douleur à l'idée de cesser le récit : « Maintenant, il va falloir finir d'écrire ; écrire était encore un tremblement, un spasme de ta vie dans mes mots. J'ai peur de te laisser, mais je me l'impose ». La désignation du texte se fait, tout comme chez Michaël Ferrier, au niveau microstructural. Là où ce dernier envisageait le niveau de la phrase, Sophie Daull va jusqu'à envisager la ponctuation, dans un jeu verbal qui actualise une expression (« le point final ») aussi bien au sens propre (syntaxique : le point) que figuré (sémantique : terminer) : « Ne pas pleurnicher quatre ans quand tu t'es battue quatre jours. Tu as été si courageuse que mon courage sera dans ce tout prochain point final[65] ».

64 Michaël Ferrier, *François, portrait d'un absent*, *op. cit.*, p. 222.

65 Sophie Daull, *Camille, mon envolée*, *op. cit.*, p. 187.

La deuxième dimension liée à la fin que les textes du corpus abordent est celle de la *finalité* du texte. Non pas sa finalité *intrinsèque* (le texte comme adjuvant du travail du deuil par exemple) mais sa finalité *extrinsèque* : que faire de ce texte ? Si la question se pose avec acuité dans le cadre d'une correspondance avec le défunt, elle peut trouver une résolution facile dans le transfert du niveau d'énonciation. Nadine Trintignant le suggère dès le début d'un texte qu'elle envisage déjà dans sa clôture : « Cette lettre, que deviendra-t-elle ? Un fichier de plus que je reprendrai comme ça, au cours des années, comme un rendez-vous entre nous deux ? Un livre ? Et les lecteurs, ce seront des personnes qui t'aiment, qui ont eux aussi l'envie d'être avec toi le temps d'une lecture[66]... ». Si Nadine Trintignant soulève la question du devenir du texte au moment même de son début, la réflexion prend souvent place dans les dernières pages, comme chez Michaël Ferrier. Ce dernier clôt en effet son dernier chapitre par cette même offrande au lectorat, déclarant : « je pose ici ce livre, pour qu'un autre l'emporte et le porte plus loin [...] ». Le recours à la *deixis* permet de concrétiser la fin du texte, rendu à une matérialité aux confins du saisissable. Ce processus conduisant du privé au public, du texte intime au livre partagé, est résumé par Jérôme Garcin dans un long et poétique paragraphe consacré au devenir du texte :

> Ce texte que je t'écris, poste restante, entrecoupé de longs silences, de rêveries inutiles, d'hésitations maladroites, de questions en suspens, de sourires invisibles, d'émotions bien camouflées, ce texte que rythment les galops printaniers sur la plage, la taille méthodique des rosiers, la cueillette des cerises, l'arrosage des jeunes lauriers, ce texte parfois étouffant que je laisse reposer pour y faire entrer la vie par effraction, par courant d'air, afin de respirer un peu, je ne suis pas sûr, aujourd'hui, de vouloir qu'il voie le jour. Peut-être conviendrait-il de le laisser à l'état de brouillon, de vieux papier, de palimpseste, et de ne pas enfermer cette confidence volatile dans un livre définitif[67].

Tout comme chez Ferrier, le récit de deuil est exhibé par le biais de la reprise anaphorique de « ce texte ». Le rythme ternaire, amplifié par des accumulations, vise à le définir et lui donner son envergure. La question de la publication demeure ouverte, modalisée par un « peut-être » que la réalité du livre tenu par le lecteur viendra contredire.

---

66 Nadine Trintignant, *Ma fille, Marie*, Paris, Fayard, 2003, p. 18-19.

67 Michaël Ferrier, *François, portrait d'un absent*, *op. cit.*, p. 105.

De tous les auteurs du corpus, Philippe Forest est certainement celui qui réfléchit le plus ses textes de deuil, non seulement dans l'œuvre elle-même, comme nous l'avons vu, mais aussi en déployant des essais qui élaborent tout à la fois une pensée critique du deuil et un retour réflexif sur son œuvre de deuil majeure, *L'Enfant éternel.*

Le premier de ses essais sur le deuil, *Tous les enfants sauf un*, paru en 2007, commence même par un avant-propos revenant sur l'écriture de son premier roman, par le biais d'une analyse sévère qui le conduit à réévaluer la pertinence de l'œuvre (« Je ne me suis pas relu. Cela n'est pas nécessaire. Je sais que j'ai mal dit, mal fait[68] ») et l'engage, dans le premier chapitre (« Ce qui reste d'un roman »), à revenir sur les événements tels qu'ils se sont déroulés, autrement dit « sans littérature ». Mais c'est précisément parce qu'elle fait littérature[69] que l'œuvre inaugurale, *L'Enfant éternel*, marque et interroge, donnant l'élan à une interrogation sans fin qui ne cesse de s'enrichir.

D'ailleurs, si le premier essai critique de Philippe Forest consacré au deuil commence par une mention de *L'Enfant éternel*, il se clôt également par le retour de ce même livre qui encadre ainsi un texte analytique dont il est tout à la fois le début et la fin, en même temps que la source. De façon similaire, le très récent livre d'entretiens avec Vincent Delecroix, *Le Deuil, entre le chagrin et le néant*, s'ouvre à nouveau sur *L'Enfant éternel* dont la dimension matricielle est rappelée : « [...] je n'ai cessé de reprendre ce récit sous des formes différentes[70] ». Fondamentalement, à travers l'ensemble de son œuvre, Philippe Forest ne cesse donc d'interroger le pouvoir des formes poétiques et les limites de la littérature, dans une réflexion qui sous-tend aussi bien une œuvre qu'une vie, et dans laquelle le texte réfléchi est emblématiquement celui d'un deuil sans nom : *L'Enfant éternel.*

68 Philippe Forest, *Tous les enfants sauf un*, *op. cit.*, p. 9.

69 La mort de Pauline ne peut en fait se dire que dans la littérature comme le suggère cet énoncé repris dans les « Sept propositions pour une poétique du deuil » : « J'ai écrit mais je n'ai jamais parlé ni en privé ni en public, des événements vrais qui sont à l'origine de *L'Enfant éternel*, de *Tous les enfants sauf un* [...] »(Philippe Forest, *Le Roman infanticide : Dostoïevski, Faulkner et Camus*, Nantes, éditions Cécile Defaut, 2010, p. 113)

70 Philippe Forest, Vincent Delecroix, *Deuil, entre le chagrin et le néant*, Paris, Philo éditions, 2015, p. 11.

COMMUNAUTÉ(S) ENDEUILLÉE(S) ?

Dès 1960, Geoffrey Gorer[1] insistait sur les différentes attitudes face au deuil et distinguait trois catégories d'endeuillés : celui qui « dérobe complètement sa peine, celui qui la cache aux autres et la garde pour lui-même, celui qui la laisse librement apparaître ». Si chacun de ces cas est fondamentalement pensé dans le rapport à *soi-même*, il l'est aussi – et surtout ? – dans celui à *autrui*. Le dernier cas – l'extériorisation – étant certainement le summum de l'insupportable social, « l'endeuillé obstiné [étant alors] impitoyablement exclu comme un fou[2] ».

Pourtant, la communauté devrait jouer un rôle de premier plan si ce n'est dans la régulation, au moins dans l'accompagnement de la perte. Dans *L'Énigme du deuil*, Laurie Laufer insiste sur le rôle de la communauté dans cette épreuve en écrivant qu'elle « a pour fonction de régler, de ritualiser, afin de donner des contours à l'informe qu'est la mort[3] ». Elle poursuit : « Érotiser la mort, c'est-à-dire donner une forme pensable à la mort, tel serait le rôle de la communauté face à la douleur solitaire d'un endeuillé ». La communauté permettrait donc « la métaphorisation d'un excès de présence du disparu ». Or la disparition contemporaine des rites[4] et l'« ensauvagement de la mort[5] » ne semblent pas aller dans le sens d'une élaboration conjointe, réduisant finalement tout ce qui est lié au deuil à une « affaire de soi à soi, une "masse à deux" entre le mort

1 Geoffrey Gorer, « The Pornography of Death », *Encounter*, n° 4, 1955, p. 49-52 ; « Pornographie de la mort », dans Geoffrey Gorer, *Ni pleurs ni couronnes*, Paris, EPEL, 1995)

2 Cité par Philippe Ariès, *L'Homme devant la mort. 2. La mort ensauvagée* [1977], Paris, Le Seuil, collection « Points Histoire », 1985, p. 288.

3 Laurie Laufer, *L'Énigme du deuil*, Paris, Presses Universitaires de France, 2006, p. 26-27.

4 Et du jeu qui prend en charge ce qui ne doit pas rester figé comme l'explique Louis-Vincent Thomas. Laurie Laufer écrit ainsi : « Parce que le jeu offre la possibilité de symboliser l'absence, il ouvre à un espace de représentation et de métaphore ». Elle précise : « La communauté doit faire corps. Lorsque la possibilité de jouer à la mort n'est pas offerte à l'espace psychique, la mort n'est pas un jeu de passage mais un arrêt sur le temps » (*op. cit.*, p. 56)

5 Voir Philippe Ariès, *L'Homme devant la mort. 2 La mort ensauvagée*, *op. cit.*

et le survivant, comme si le tiers (parole, collectif, communauté) avait été exclu de ce rapport duel[6] ». La communauté, au sens nancéen du terme, aurait-elle peur, finalement, d'elle-même ? Cette mise à distance ne pourrait-elle pas être liée, comme le suggère Jean-Luc Nancy, au fait que « la mort est elle-même la véritable communauté des êtres mortels : leur communion impossible[7] » ?

À quelque degré que ce soit, les écrits des endeuillés qui constituent notre corpus témoignent tous, d'une manière ou d'une autre, de la complexité du rapport à la communauté. Rapport d'autant plus compliqué, certainement, qu'il s'origine de ces deuils sans noms, moins statutairement définis dans la société et moins clairement catégorisés dans les représentations partagées.

Ce chapitre a donc pour ambition d'interroger la difficile conjonction entre la communauté en général (comprise au sens extensif de « société ») et ceux qui écrivent ces « deuils sans noms », constituant en eux-mêmes à bien des égards une (sous) communauté. Car même si plusieurs communautés sont évoquées dans leurs textes (communauté des malades, communauté des mourants, communauté des soignants), c'est bien *in fine* la *communauté des endeuillés* qui constitue l'horizon ontologique de ces écrits. Il s'agira ici d'en interroger les limites et le degré de porosité (accepté ou acceptable) avec le monde de ceux qui ne sont pas en deuil. Plus encore, il conviendra d'en déterminer la nature profonde : la communauté des endeuillés n'est-elle que de circonstance, portée par une littérature qui ne fait que l'exprimer, ou bien se construit-elle, par-delà la douleur, dans un maillage textuel serré qui rémunère l'imperméabilité première que lui oppose la communauté en général ?

D'UNE COMMUNAUTÉ L'AUTRE

Les « deuils sans noms », peut-être parce qu'ils renouvellent le rapport public à toute une catégorie de deuils, sont particulièrement sensibles à la question du lien. Ils résonnent avec les études (sociologiques,

6 Laurie Laufer, *L'Énigme du deuil*, *op. cit.*, p. 65.

7 Jean-Luc Nancy, *La Communauté désœuvrée*, Paris, Christian Bourgois, 1986, p. 87.

ethnologiques, historiques ou psychanalytiques) qui insistent sur cette dimension capitale mais problématique et prennent acte, synchroniquement, d'un état civilisationnel dans lequel sont mis en jeu, non seulement les rapports entre les vivants et les morts, mais aussi ceux entre les vivants *endeuillés* et ceux qui ne le sont *pas*.

À L'ÉPREUVE DU MONDE

À l'exception de certains textes centrés sur les moments de communion apparente du deuil, par exemple la cérémonie des obsèques, comme François Bon dans *L'Enterrement*[8], la plupart des auteurs du corpus sont particulièrement attentifs à une certaine mise à l'écart que Philippe Forest résume sous la forme d'une équation lapidaire : « L'expérience du deuil est celle de l'exclusion[9] ». L'antagonisme inclusion/exclusion fait en effet partie des questions soulevées par les œuvres relevant des deuils sans noms[10].

Chez Philippe Forest, cette réflexion est double puisqu'elle est développée, nous l'avons relevé, tout à la fois dans un espace théorique et un espace narratif. Dans l'espace théorique, indéfectiblement lié à son propre vécu du deuil mais étayé par des lectures scientifiques, il détaille le processus de séparation d'un point de vue plus analytique encore que dans ses récits : si l'endeuillé peut certes prendre un peu de recul, c'est surtout « le monde [qui] se détourne de lui parce que le chagrin qu'il

8 François Bon, *L'Enterrement*, Paris, Verdier, 1992. Face à la communauté des villageois, le narrateur est en revanche placé sous un « double statut, d'intrus et d'inclus » (Gilles Bonnet, « Cet avalement ritualisé des morts ou comment peut-on être chamane ? Sur *L'Enterrement* de François Bon », *Recherches & Travaux*, 82 | 2013, p. 127).

9 Philippe Forest, *Tous les enfants sauf un*, Paris, Gallimard, 2007, p. 114.

10 Dans certains cas, l'exclusion peut-être redoublée. C'est ce qu'expérimente Alain Fialaix (*Nos bonheurs fragiles*, Paris, Melville, Léo Scheer, 2009) qui dénonce l'homophobie rampante par rapport aux couples homosexuels, que ce soit lors des problèmes de santé de son compagnon (« le psy de service me reçoit, et je prends son homophobie en pleine face », p. 19) puis lors de sa mort de son compagnon (« Je me souviendrai de cet homme en uniforme devant moi à son collègue : "Saletés de tapioles !" », p. 25). Le problème latent est celui des statuts, enjeu des écrits de deuils sans noms : « À l'accueil de l'Institut médico-légal, on me demande mon nom. Suis-je de la famille ? Qui étais-je pour toi ? » (p. 28). L'auteur écrit alors : « Peu importe que l'on s'aimait : dans l'esprit de bien des gens, un couple homosexuel est guidé par d'autres choix, d'autres vecteurs que l'amour simple et "traditionnel" [...]. Par conséquent, la douleur et l'absence ne peuvent être comparables à celles ressenties par celui ou celle qui reste en vie dans un couple hétéro » (p. 93).

manifeste constitue comme une réprobation adressée à l'insouciance des vivants et qu'il leur rappelle la grande vérité inopportune qui voue tous les êtres à la mort[11] ». Il ajoute, au cours de cette réflexion, avoir essayé dans *Toute la nuit* de porter « témoignage sur l'inhumaine violence d'une telle exclusion ».

Les œuvres consacrées à Pauline insistent elles-mêmes systématiquement sur cette mise à distance. Dès le premier récit, *L'Enfant éternel*, Philippe Forest détaille cette séparation à laquelle deux chapitres sont plus particulièrement consacrés. Le premier est une narration dans laquelle l'auteur invite le lecteur à s'identifier à l'endeuillé par le biais d'un « vous » fictif. En l'espace de quelques pages, Philippe Forest montre de façon distanciée et ironique la dégradation des relations entretenues par ceux qui sont touchés par la maladie – bientôt la mort – et les autres : « Ils sont peu nombreux ceux qui osent encore franchir ce fossé qu'autour de vous les larmes ont creusé[12] ». Après avoir insisté sur la raréfaction de l'entourage humain, il analyse le comportement de ceux qui restent. Si, au début, « la mort d'un enfant est un spectacle rare » qui permet de « fai[re] salle comble », avec le temps, quand « la représentation s'éternise », acteurs de second rang et spectateurs se lassent jusqu'à vouloir achever la pièce :

> Qu'attendez-vous donc pour prononcer la dernière réplique, quelque sentence sombre et que le reste est silence ! Écroulez-vous sur les planches et laissez les machinistes emporter les dépouilles[13] !

La métaphore dramaturgique permet, effet baroque, de montrer la comédie humaine mais aussi, effet littéraire, d'inscrire l'ensemble dans un genre attesté (et convoqué par le regard des autres), celui de la « tragédie », manière d'exacerber la funeste inéluctabilité[14] de l'ensemble. Dans le chapitre suivant (les deux commençant d'ailleurs par la même remarque : « ceux qui vont mourir, on ne les salue plus[15] »), Philippe Forest développe la séparation, non plus métaphoriquement mais typologiquement,

---

11 *Ibid.*, p. 115.

12 Philippe Forest, *L'Enfant éternel*, [Paris, Gallimard, 1997], Paris, Gallimard, collection « Folio », 1998, p. 266.

13 *Ibid.*, p. 269.

14 À propos de cette dimension, voir ici même « Entre singularités et similarités », « Chapitre II. Parler des morts ».

15 Discrète réécriture de l'expression latine « morituri te salutant ».

en hiérarchisant les attitudes des personnes qui entourent ceux dont on sait le deuil inéluctable et dont le comportement anticipe déjà la mort à venir. Autrement dit, Philippe Forest montre comment l'exclusion liée au deuil s'engage avant même que la période ainsi désignée puisse commencer. Il s'agit de cette « communauté désignée par le destin » dont parle Laure Adler dans *À ce soir*, cette « tribu silencieuse et honteuse[16] » qui prend son impulsion dans l'avant de la mort pour s'instituer dans l'après du décès comme semble le suggérer l'emploi du présent : « Nous [...] sommes toujours écorchés vifs. Les blessures de nos mémoires sont toujours béantes. Quoi que nous fassions ».

Cette typologie des comportements est particulièrement développée dans *Philippe* quand Camille Laurens s'attarde sur les réactions de l'entourage après la mort. L'ensemble du chapitre « Vivre » est ainsi saturé par une reprise anaphorique de « Il y a ceux qui », utilisé tout à la fois pour rythmer le texte au point de vue macro (la formule est à l'orée de cinq paragraphes) et au point de vue micro (la formule sature alors l'espace même du paragraphe). Les réactions relevées vont de la bêtise à l'indifférence, de la méchanceté à la maladresse. Passées en revue, elles ne sont toutefois pas théorisées : elles sont données à lire et à comprendre par le biais de courtes anecdotes accompagnées, à l'occasion, d'un discours direct reprenant les propos tenus, ou d'un discours indirect libre les résumant. Leur poids n'en est que plus grand et la distance entre les endeuillés et les autres est ainsi donnée à sentir dans sa quotidienneté. L'ensemble est d'ailleurs placé sous le signe ironique d'« une sagesse populaire » affirmant que « la vie continue ».

C'est cette même sagesse dite populaire qu'on retrouve sous la plume d'Angélique Villeneuve lorsqu'elle évoque les jugements portés sur ses réactions le jour de la découverte du suicide de son fils. Disséquant le choc et ses effets par le biais de courts paragraphes, elle les ponctue par la répétition des « C'est normal[17] » qui lui ont été prodigués, preuve du vouloir normé d'une société expliquant ce qui est le comportement attendu lors d'une pareille épreuve. Cela n'empêche pas Angélique Villeneuve de souligner l'exclusion dont elle est la victime, à la fois sous forme de périphrases décrivant des comportements comme le faisait Camille Laurens (« Ceux que dans ton quartier tu connais changent soudain de

16 Laure Adler, *À ce soir*, Paris, Gallimard, 2001, p. 139.

17 Angélique Villeneuve, *Nuit de septembre*, Paris, Grasset, 2016, p. 23-25.

trottoir ou rebroussent chemin[18] »), ou avec l'emploi du pronom indéfini « on » qui renforce cette impression de labilité (« On ne t'invite plus à dîner le soir, on ne donne plus rendez-vous… »).

La tyrannie d'une certaine invisibilité, voilà donc ce que la société impose sans le dire : ne pas être singularisé par le deuil pour ne pas heurter. D'où le ressenti ambivalent d'Olivia Lamberterie par exemple, écartelée entre un moi provocateur et un surmoi qui tempère : « […] je suis toujours partagée entre l'envie de porter la mort de mon frère en étendard et celle de mettre dans l'embarras des gens chers en leur délivrant cette nouvelle tragique[19] ». Sur un ton plus léger, Bernard Chambaz exprime également cette dissociation forcée : sensible à la réaction potentielle d'autrui (« Je risque de provoquer la gêne voire la peur. Je les ai déjà observées ici ou là chez ceux qui ne veulent pas en entendre parler (Courage ! Y a rien à dire !), qui vous tendent la main pour vous tenir à l'écart (et sans doute leurs raisons sont-elles bonnes)[20] »), il ne s'indigne pas moins des règles latentes qui refusent le pacte humaniste pourtant au cœur des liens : « […] quelle convention sociale ou morale prétend qu'il faille dissimuler ses sentiments, refuser de reconnaître son semblable dans celui qui souffre ? ».

Au-delà de ces constats, il se dégage de ces « deuils sans noms » un procès adressé à une société qui ne sait pas faire communauté. Sophie Daull signale à cet égard que ce qu'elle appelle « son sentiment de dissidence » est lié à la perte des normes régulant les comportements :

> Dans le temps, les gens portaient un brassard ou des habits noirs pour signaler qu'ils venaient de perdre un proche. Ça les plaçait momentanément hors de la communauté des humains, ça forçait la distance, la délicatesse ; ça offrait le privilège de ne pas être tenu de se comporter comme tout le monde, de ne pas être mal considéré si on était plus lent, plus sombre, plus solitaire, plus réservé[21].

L'auteure regrette ici le statut social autrefois réservé à l'endeuillé qui était une manière, dans la temporisation assumée et affichée, de ne pas rompre. La mise à l'écart était entendue comme acceptation d'une

18 Camille Laurens, *Philippe*, Paris, P.O.L, 1995, p. 36.

19 Olivia de Lamberterie, *Avec toutes mes sympathies*, Paris, Stock, 2018, p. 180.

20 Bernard Chambaz, *Martin cet été*, Paris, Julliard, 1994, p. 10.

21 Sophie Daull, *Camille, mon envolée* [Paris, Philippe Rey, 2015], Paris, Le Livre de Poche, 2016, p. 84.

différence et la communauté n'excluait pas : elle *incluait* en admettant la sortie « momentanée ». Loin d'être une stigmatisation, il s'agissait donc d'une affirmation positive : « On était repéré comme endeuillé, et les autres nous foutaient la paix. On avait le droit d'occuper une marge ».

La façon dont le deuil est aujourd'hui envisagé par la communauté atteint ainsi les auteurs non seulement dans leur rapport aux autres – vivants – mais aussi dans le cœur de leur identité. Tandis qu'on préserve autrui (« À celle ou celui qui pleure, on va répétant qu'un devoir moral s'impose : conserver la mémoire de celui qui a été perdu mais sous une forme non menaçante pour soi-même et la ligue des vivants[22] »), l'assise de soi se dissout : qui est-on quand la communauté à laquelle on appartient ne sait plus nous nommer ? Angélique Villeneuve souligne cette séparation par l'emploi de négations qui mettent à distance toutes les catégorisations qui font sens dans la société (« On ne te salue que de loin car tu n'es plus un auteur, une amie, une voisine, le membre d'une parentèle, tu n'es même plus une femme ») avant d'affirmer celles qui sont de l'ordre de la dissension (« Tu es la mère d'un suicidé, la mère d'un enfant mort, tu n'es qu'un torrent noir aux rives affolantes. Rien d'autre[23] »). Les auteurs insistent également sur le vide et la mécanicité de la vie, tantôt du côté de l'endeuillé (ainsi de Laure Adler : « Mon fils est mort et je suis encore vivante. Vivante ? À jamais divisée entre le je et le elle [...][24] ») tantôt du côté du monde (Laure Adler toujours : « [...] épuisée quelquefois de mettre mon énergie à donner l'apparence »). Dans les deux cas, c'est la rupture du lien qui est ainsi exacerbée.

De façon massive, les textes insistent donc sur la mise à l'écart de l'endeuillé par la société. Même s'ils ont à l'occasion l'ambition de se muer en vecteurs de réconciliation avec la société en général[25], ils sont le plus souvent l'occasion de mettre en avant *une communauté autre*, celle du deuil et de sa reconnaissance.

---

22 Philippe Forest, *L'Enfant éternel*, *op. cit.*, p. 224.

23 Angélique Villeneuve, *Nuit de septembre*, *op. cit.*, p. 37.

24 Laure Adler, *À ce soir*, *op. cit.*, p. 48.

25 Comme chez Laure Adler par exemple : « Ceci n'est pas un récit. C'est une tentative de raccommodement avec le monde » (p. 27).

LA COMMUNAUTÉ DU DEUIL

L'idée de « faire le deuil » selon une injonction aujourd'hui médiatique et banalisée[26] est, on l'a vu[27], refusée par les auteurs. À Philippe Forest qui ne cesse de stigmatiser cette « expression tellement ressassée qu'on n'entend plus ce qui, en elle, sonne d'étrange[28] » avant d'affirmer de façon hyperbolique qu'« il n'y a pas de grandeur dans la douleur surmontée mais dans la corrosion perpétuellement reconduite du souvenir sous sa forme la plus acide[29] », on pourrait ajouter d'autres voix qui insistent sur la singularité irréductible des endeuillés : Philippe Delaroche, s'emportant contre cette innommable précipitation (« Nulle mère et nul père sous le coup de la mort de l'enfant ne peut passer en 3 jours, ni même en 6 mois, de la stupeur à l'accommodement[30] ») ou Olivia de Lamberterie s'écriant ainsi : « Mon frère s'est jeté d'un pont sécurisé par des rambardes conçues par des ingénieurs et je devrais faire mon deuil, expression répétée en boucle par des imbéciles[31] ». Face à cette absurdité, elle délimite la seule zone de communion possible, celle d'une marginalité engendrée par le deuil :

> Les seules personnes avec qui il est possible d'échanger autre chose que des banalités sont ceux à qui c'est arrivé. La *petite famille* de ceux qui restent. Le monde se divise entre ceux qui savent et les autres[32].

Si l'énoncé réaffirme la dichotomie déjà observée entre le monde des endeuillés et les autres, l'idée de la « famille » est une ouverture vers une autre manière de communauté, celle des liens forts. Se créerait ainsi une communauté de l'ordre de la famille dans le sens où elle serait *héritée* et non *choisie*, basée non sur des *affinités* mais créée par *contrainte*. Certains, comme Pierre Jourde, vont alors décaler légèrement la métaphore en évoquant une partie de cet ensemble et en consacrant des liens

---

26 De nombreux auteurs (Martine Lussier, José Morel Cinq-Mars, Dominique Carlat) insistent sur cet aspect. On peut se demander si la dénonciation de cette injonction ne serait pas, à son tour, un nouveau stéréotype des discours sur le deuil.

27 Voir ici même, « Le livre au miroir de ses fonctions », « Chapitre III. Penser l'écriture du deuil : le texte réfléchi. »

28 Philippe Forest, *L'Enfant éternel*, *op. cit.*, p. 224.

29 *Ibid.*, p. 255.

30 Philippe Delaroche, *La Gloire d'Inès*, Paris, Stock, 2016, p. 74.

31 Olivia de Lamberterie, *Avec toutes mes symapthies*, *op. cit.*, p. 222.

32 *Ibid.*, p. 202. Nous soulignons.

davantage synchroniques avec la « fraternité secrète de tous ceux qui ont perdu un enfant[33] ».

Mais au-delà la dimension familiale, le terme « fraternité » peut aussi s'entendre, si ce n'est au sens vraiment religieux, tout du moins au sens spirituel. Jérôme Garcin y recourt ainsi quand il parle de « la secrète communion de tous ceux qui ont perdu un être cher[34] ». Or ce qui est particulièrement intéressant dans son emploi de l'expression – au-delà de la fraternité latente – c'est que cette communauté s'incarne dans la littérature : Jérôme Garcin précise en effet qu'elle est « reli[ée] par une abondante littérature de l'infortune ». Ce qui le retient plus particulièrement est que cette communauté universalise l'expérience du deuil, au-delà des singularités vécues : « [...] chacun [...] peut s'y reconnaître. On y lit ce qu'on a le sentiment d'avoir soi-même écrit ». On retrouve là, à défaut d'un espace de consolation, une fonction miroir de la littérature. Simone de Beauvoir le suggérait déjà au moment où elle écrivait elle-même sur sa mère décédée : les écrivains, avançait-elle alors, « permettent aux lecteurs de connaître, au fond de leurs malheurs individuels, les consolations de la *fraternité*[35]. » Cette hypothèse d'une littérature-communion a été récemment remise en avant par Myriam Wathee-Delmotte dans le cadre d'une étude sur le deuil : « C'est alors que les écrivains peuvent nous venir en aide, parce qu'ils inventent une langue dans laquelle nous pouvons retrouver nos affects, nous sentir unis dans la même souffrance, éprouver notre *commune* fragilité de mortels et notre besoin de *faire sens ensemble* pour que quelque chose soit sauvé du gouffre[36] ».

---

33 Pierre Jourde, *Winter is coming*, Paris, Gallimard, 2017, p. 140.

34 Jérôme Garcin, *Olivier*, Paris, Gallimard, 2011, p. 48.

35 Simone de Beauvoir, *Une mort très douce* [Paris, Gallimard, 1964], Paris Gallimard, collection « Folio », 1972, p. 169.

36 Myriam Watthe-Delmotte, *Dépasser la mort, Dépasser la mort, L'agir de la littérature*, Arles, Actes Sud, 2019. Nous soulignons, p. 8.

COMMUNAUTÉ DU LIVRE
Usage et sensibilité

Là où la communauté humaine et incarnée semble faire défaut, une autre communauté se met donc en place : celle du livre, au sens large du terme, regroupant lecteurs et écrivains, les uns et les autres étant unis dans un rapport au deuil que les textes du corpus exacerbent, non tant parce qu'ils sont eux-mêmes œuvres de deuil que parce qu'ils convoquent une certaine littérature du deuil[37], appui, soutien tout autant que réfraction de la peine vécue. Le recours à cette intertextualité s'opère ainsi selon deux logiques : une logique d'usage (le texte qui soutient et accompagne l'écriture du deuil au sein d'une réappropriation de la source : fonction d'étayage lettré) et une logique de sensibilité (le texte en sa qualité de miroir : fonction émotive).

LOGIQUE D'USAGE

Deux auteurs se démarquent plus particulièrement dans cette logique d'usage[38], Philippe Forest et Catherine Cusset qui jouent sur les deux modalités usuelles de l'intertextualité : explicite (dans la majorité des cas, par le biais de références affichées voire de citations directes) ou implicite (cas plus rares de l'allusion non explicitée et laissée à la libre reconnaissance du lecteur).

L'emploi de la référence implicite est celui qui correspond par exemple à leurs titres. L'énoncé « L'autre qu'on adorait » (Cusset) est ainsi un extrait d'une chanson de Léo Ferré mettant en jeu la destruction (*Avec le temps*), chanson dont la place est tout à la fois « centrale et allusive[39] » dans le texte. Centrale, d'une part, en raison de la problématique soulevée

37 L'intertextualité est bien sûr beaucoup plus large et de très nombreux autres auteurs sont sollicités. Nous n'avons retenu ici que les textes qui sont en résonance pleine et entière avec la problématique du deuil.

38 Outre bien sûr Daniel Pennac qui construit entièrement son œuvre sur le *Bartleby* de Melville.

39 Stéphane Chaudier, « *L'Autre qu'on adorait* de Catherine Cusset : un roman soluble dans une chanson ? », in *Ferré… vos papiers !*, Joël July et Pascal Pistone (éd.), Aix-en-Provence, Presses universitaires de Provence, collection « Chants Sons », 2018, p. 227-244.

(la perte) et discrète, d'autre part, car Catherine Cusset n'évoque que ponctuellement la figure de Léo Ferré.

Le titre *L'Enfant éternel* choisi par Philippe Forest pour son premier texte de deuil est aussi une référence intertextuelle non seulement implicite, mais décentrée. *L'Enfant éternel* renvoie en effet, de façon métaphorique, à Peter Pan (dans le livre éponyme de James Barrie[40]), œuvre qui sature le texte, que ce soit par la multiplication des épigraphes à l'orée des parties[41] ou les références au cours des chapitres. Dans son essai ultérieur (*Tous les enfants sauf un*) dont le titre emprunte de nouveau à James Barrie – de façon littérale cette fois[42] –, il revient sur l'importance de cet intertexte qui emblématise sa perte :

> Sur la tombe de Pauline, sur la stèle rose au-dessus du gravier blanc, où ne figure aucune croix, nous avons fait inscrire la première phrase du roman de James Barrie, *Peter Pan*, qui dit : « Tous les enfants, sauf un, grandissent. » C'est cette phrase qu'on lisait aussi sur le bandeau rouge de *L'Enfant éternel*. C'est elle dont je fais maintenant le titre de cet essai.

Se tisse ainsi une sorte de réseau de résonance intertextuelle dans laquelle le deuil trouve figuration et incarnation puisque matérialité de la sépulture et immatérialité de l'œuvre se rejoignent même autour de cette présence littéraire centrale.

En dehors des titres (aux références implicites) – voire des sous-titres, avec une référence à Hervé Guibert chez Catherine Cusset[43] –, ces deux auteurs s'inscrivent régulièrement dans un jeu de références intertextuelles explicites. Catherine Cusset multiplie par exemple les parallèles avec Proust. Non seulement l'auteur de *La Recherche* est celui à qui s'intéresse le défunt (thèse sur Proust, similarités entre l'écrivain et le héros[44]) mais il est également celui sous l'égide duquel se développe le texte : dès l'épigraphe, Catherine Cusset choisit une citation du *Côté de Guermantes* pour insister sur la difficile appréhension d'autrui, réflexion qui résonne avec les préoccupations de l'endeuillé quand il se demande

---

40 James Barrie, *Peter Pan ; or, the Boy Who Wouldn't Grow Up* or *Peter and Wendy*, d'abord pièce de théâtre en 1904 puis récit en 1911.

41 Ou même de titres de parties : la huitième par exemple s'intitule « Wendy ».

42 Il s'agit des premiers mots de l'*incipit*.

43 La deuxième partie s'intitule « À l'ami dont on n'a pas sauvé la vie », écho évident au titre de Guibert : *À l'ami qui ne m'a pas sauvé la vie* (Paris, Gallimard, 1990).

44 Voir p. 220-221.

qui, exactement, il a perdu, s'engouffrant dans cette double recherche identitaire propre aux endeuillés, non seulement la leur mais aussi celle de celui qui a disparu. Si la référence intertextuelle ne renvoie donc pas toujours directement au deuil et à la mort, elle entretient souvent avec eux des rapports de sens latents. À plusieurs reprises, Catherine Cusset incorpore ainsi des citations de Proust dans le texte qui sont davantage en lien direct avec une certaine idée du deuil et de la perte, que ce soit pour la séparation de Thomas avec Olga en utilisant une phrase de Proust qui lui permet de penser le temps du deuil[45] ou encore en anticipant la disparition de Nicolas avec la référence proustienne à la façon dont la mort se saisit des êtres[46].

Les deux fonctions dégagées (d'usage et de sensibilité) se mêlent parfois comme chez Philippe Forest quand il place les deuils de Victor Hugo et Stéphane Mallarmé au cœur de *L'Enfant éternel*. La cinquième partie du récit, qui prend pour titre le nom des enfants que ces poètes ont perdu (« Anatole et Léopoldine »), devient ainsi une mise en abyme de sa propre perte et la littérature y joue le double rôle signalé : la fonction d'étayage lettré (appui à la pensée sur le deuil) et la fonction émotive (la communion de ressenti) tendent alors à se mêler intimement. La résonance intime est telle que le texte de deuil s'allégorise même sous la plume de Philippe Forest : « Je suis toi, dit le texte, dans son apparat de signes, souffrant autant que toi, cherchant comme toi, traçant ma voie de rien au sein de l'impossible[47] ».

LOGIQUE DE SENSIBILITÉ

Victor Hugo est au demeurant l'une des références les plus immédiates dans ces « deuils sans noms », en ce qui concerne la logique sensible (texte miroir – de la situation ou des émotions), certainement parce que la tradition française en a fait un des poètes les plus connus de la culture scolaire française[48] comme nous le rappelions en ouverture du premier chapitre. Nul hasard si le poète est cité chez Jacques Drillon,

45 *Ibid.*, p. 184.

46 *Ibid.*, p. 283.

47 Philippe Forest, *Tous les enfants sauf un*, *op. cit.*, p. 221.

48 Dans une autre perspective, la *Consolation à M. Du Périer* (1599) de Malherbe fait également partie des textes les plus connus touchant à l'écriture du deuil. Annie Ernaux en parle sévèrement dans *L'Autre fille* (Paris, Nil, collection « Les Affranchis », 2011, p. 56).

Patrick Chesnais, Philippe Delaroche[49] et Aline Schulman ou encore chez Michel Rostain, Geneviève Jurgensen et Hélène Cixous, que ce soit en corps de texte ou en épigraphe. Il est aussi au cœur de réflexions théoriques : dans son ouvrage consacré à « l'itinéraire psychique des parents endeuillés », Ginette Raimbault ne manque pas de lui dédier un long chapitre, le premier qui plus est. Victor Hugo est donc un des points d'aimantation littéraire de la communauté du deuil. La plupart des publications de « deuils sans noms » portant sur les enfants y font référence. Il est sans conteste l'emblème classique des parents endeuillés, l'incarnation romantique d'une souffrance à fleur de peau mais esthétisée.

Il est cependant une autre figure qui émerge avec insistance : Philippe Forest. De tous les auteurs du corpus, il est certainement celui qui a le plus écrit sur le deuil, sous différentes modalités comme nous l'avons analysé, narration et essai, les deux confondus parfois. Produite depuis la fin des années 1990, l'œuvre sur/de deuil est particulièrement dense en ce qu'elle s'étend sur plusieurs volumes qui sont autant de variations sensibles et réflexives articulées, de près ou de loin, autour de la perte de Pauline. C'est certainement cette double dimension de l'œuvre qui lui a donné les qualités propres à l'ériger en nouveau classique du deuil. Les endeuillés citent en effet le travail de Philippe Forest et l'inscrivent dans une pensée de la communauté du deuil, actualisant par là même la nature de l'intertextualité, celle qui participe d'une littérature s'écrivant « dans une relation avec elle-même, avec son histoire, l'histoire de ses productions, le long cheminement des origines[50] ».

Prenons-en deux exemples. Commençant *La Réparation volontaire*[51] par une longue citation extraite de *Toute la nuit*, Corinne Tanay la commente en soulignant la profonde adéquation des écrits de Philippe Forest avec son vécu (« des mots justes qui me transpercent », « exactement mon ressenti »). Elle met alors en avant ce qui va constituer une communauté : « [...] il est un frère de douleur. Dans ses ouvrages, je reconnais la tristesse indélébile des parents endeuillés ». C'est cette

49 Qui, de façon provocante, l'appelle « le patron » (Chapitre XII : « Victor Hugo, le patron »). Il explique : « Si les parents orphelins des enfants devaient se chercher un patron spirituel et profane, ils n'auraient pas trop à hésiter. Hugo en a tous les titres. » (p. 147)

50 Tiphaine Samoyault, *L'Intertextualité. Mémoire de la littérature*, Paris, Armand Colin, collection « 121 », 2001, p. 5.

51 Corinne Tanay, *La Réparation volontaire*, Paris, Grasset, 2019. Ce livre fait suite à *Lettre à Émilie* (Paris, Grasset, 1998).

même communauté de douleur que Pierre Jourde engage dans *Winter is coming*, évoquant ce qui devient de façon nette une catégorie identifiable (les œuvres « qui parlent de la mort de l'enfant[52] ») en précisant qu'il n'a jamais été capable de les lire et citant à son tour l'auteur de *L'Enfant éternel* : « [...] j'aurais du mal à supporter les récits de Philippe Forest par exemple, pas moyen de les ouvrir ».

En l'espace de quelques années, Philippe Forest est irréfutablement devenu la figure incontournable de l'écriture du deuil, même pour ceux qui, avant de découvrir l'auteur endeuillé, ne l'appréciaient pas. Jérôme Garcin raconte ainsi comment il a dépassé ses résistances initiales vis-à-vis d'un auteur qu'il considérait comme un universitaire aux propos obscurs et abscons pour ériger *L'Enfant éternel* en référence littéraire absolue : « Jamais, je crois, je n'eus à ce point le sentiment de m'identifier au livre d'un autre, de faire miens la colère et l'inapaisement d'un homme que je ne connaissais pas, que je ne connais toujours pas[53] ». Philippe Delaroche fait une expérience similaire d'identification[54]. Ce que les endeuillés semblent retrouver dans leur lecture de Philippe Forest, c'est certainement la « suffocation de vérité[55] » dont parle Roland Barthes pour décrire cette connexion inouïe d'un texte à soi. Jérôme Garcin ira même jusqu'à clore son livre *Olivier* sur la phrase suivante, que l'on ne peut s'empêcher d'interpréter comme un discret hommage à Philippe Forest : « [je] me suis dédoublé, convaincu que mes hivers d'homme précaire finiraient tôt ou tard par se confondre avec ton printemps d'*enfant éternel*[56] ».

52 Pierre Jourde, *Winter is coming*, *op. cit.*, p. 51. Plus précisément, Pierre Jourde semble opérer une distinction entre *fiction* et *non fiction* : dans l'énonciation des œuvres, qu'il appelle au sens large « roman », il place d'un côté Philippe Forest et de l'autre Marie Darrieussecq (*Tom est mort*, Paris, P.O.L, 2007) et Jean-Michel Béquié (*Charles*, Paris, Minuit, 1993).

53 Jérôme Garcin, *Olivier*, *op. cit.*, p. 52.

54 Philippe Delaroche, *La Gloire d'Inès*, *op. cit.*, p. 223.

55 « La littérature, c'est ça : que je ne puis lire sans douleur, sans suffocation de vérité, tout ce que Proust écrit dans ses lettres sur la maladie, le courage, la mort de sa mère, son chagrin » (Roland Barthes, *Journal de deuil*, Paris, Le Seuil / Imec, collection « Fiction & Cie », 2009, p. 189)

56 Jérôme Garcin, *Olivier*, *op. cit.*, p. 158. Certes, on peut y voir d'autres interprétations, mais celle-ci, au regard de ce qui est écrit dans le texte, semble évidente ; l'expression est aussi utilisée page 59.

INTERTEXTE
Audace, ouverture, persistance et renouveau

En examinant la constitution d'une communauté du livre, nous avons établi que l'intertextualité ne se cantonnait pas aux valeurs littéraires patrimoniales classiques (Victor Hugo, Stéphane Mallarmé notamment). Non seulement ce patrimoine lui-même s'ouvre à de nouveaux auteurs (Philippe Forest, de façon emblématique) mais il se diversifie : la chanson (Léo Ferré chez Catherine Cusset) et la littérature de jeunesse (James Barrie chez Philippe Forest) participent du renouveau des corpus endeuillés. Parallèlement, une autre référence majeure peut retenir notre attention, non en raison de son existence, mais en raison de sa permanence : la Bible.

Nous voudrions donc terminer ce chapitre en examinant de manière plus large les phénomènes intertextuels dans l'écriture de ces « deuils sans noms » sous le triple signe de l'audace (la chanson), de l'ouverture (littérature de jeunesse) et de la persistance (la Bible).

EN CHANSON

Le premier élément marquant dans cet ensemble faisant corpus est l'arrivée de la chanson populaire, envisagée depuis sa dimension textuelle. Rare mais significative, sa présence s'inscrit dans une perspective contemporaine qui est celle de la « légitimation littéraire et [de] l'officialisation culturelle de la chanson[57] » comme le soulignent Bruno Blanckeman et Sabine Loucif. Si on a ainsi pu la voir s'afficher de façon éclatante dans le roman de Catherine Cusset, elle peut affleurer de façon plus discrète à la surface des écritures du deuil, parfois là où on l'attendait le moins. Ainsi de Christian Bobin, recourant à « l'aigle noir[58] » de Barbara pour signifier dans un premier temps le trépas (« [...] la mort est descendue sur toi sans prévenir comme l'aigle noir de la chanson de Barbara ») puis le deuil de ceux qui restent (« [...]ses ailes

---

57 Bruno Blanckeman et Sabine Loucif, « Chanson/Fiction », in *Revue critique de fixxxion française contemporaine*, n° 5/2012. Url : http://www.revue-critique-de-fixxion-francaise-contemporaine.org/rcffc/article/view/fx05.01/676 (consulté le 31 août 2020)

58 « L'Aigle noir », Barbara, 1970.

t'ont recouverte en une seconde, Ghislaine, ses ailes étaient si grandes que l'ombre en est venue sur ceux qui t'aiment et pour longtemps[59] »). Même usage de la chanson populaire chez Geneviève Jurgensen dans *La Disparition* dont le tout dernier chapitre est entièrement consacré à Éric Clapton et à la chanson commémorant la disparition accidentelle de son fils de deux ans, « Tears in heaven[60] ». Geneviève Jurgensen rappelle les circonstances du drame mais surtout met en valeur la force existentielle de la chanson :

> Dans sa berceuse, Clapton pose les questions que seule une chanson permet de poser simplement : « Sauras-tu mon nom, si je te rencontre au ciel ? Me donneras-tu la main ? Tout sera-t-il comme avant ? Je dois être fort car ma place n'est pas au ciel. Je sais que je trouverai mon chemin à travers le jour et la nuit. Au-delà des portes, il y a la paix. Pas de larmes, au ciel. Mais ma place n'est pas au ciel[61] ».

Le choix de la première personne dans les paroles de cette chanson ouvre la voie à l'identification, laquelle est fréquemment recherchée par les endeuillés. Les paroles des chansons constituent en général des condensés d'expérience et de ressenti que les auteurs exploitent soit parce qu'elles rappellent la vie passée, soit pour leur potentialité cathartique. Certains comme Laurent Fialaix racontent ainsi se « noyer » dans des chansons « de préférence celles qui parlent d'absence, de deuil, de remords invisibles[62] ». Ce dernier trouve ainsi réconfort et écho chez Véronique Sanson ou Zazie, dont le titre écouté (« Ça ») devient même métaphoriquement élément de deuil : « "Ça", ce sont mes chrysanthèmes à moi. Pas besoin qu'on me fixe un jour particulier pour que je vienne te les déposer[63] ». La chanson est ainsi considérée comme élément de rituel, remplaçant ici l'espace-temps traditionnel de la Toussaint qui convoque et précipite lieu et temporalité du deuil. Le rituel communautaire laisse place au rituel individuel.

Particulièrement émouvantes pour le lecteur sont les chansons qui, après avoir accompagné le temps de la vie, accompagnent le temps du

59 Christian Bobin, *La Plus que vive* [Paris, Gallimard, 1996], Paris, Gallimard, collection « Folio », 1998, p. 15.

60 « Tears in heaven », Éric Clapton, 1992.

61 Geneviève Jurgensen, *La Disparition* [Paris, Calmann-Levy, 1994], Paris, Le Livre de Poche, 1995, p. 124.

62 Laurent Fialaix, *Nos bonheurs fragiles*, Paris, Melville, Léo Scheer, 2009, p. 104.

63 *Ibid.*, p. 96.

deuil et prennent alors une nouvelle signification. Le poème d'Aragon[64], mis en musique par Brassens, illustre cette transition chez Nadine Trintignant :

> « *Mon bel amour, mon cher amour, ma déchirure, je te porte dans moi comme un oiseau blessé...* » Cette chanson que nous chantions souvent ensemble, à présent en marchant dans la rue, je la murmure pour toi[65].

Alors qu'elle synthétisait une sorte de nostalgie partagée et figurée, la chanson devient, dans le moment de l'écriture, le support matériel d'une perte éprouvée. Les paroles prennent un sens concret et reflètent le deuil de la survivante, même si elles sont aussi communion par-delà la mort.

La force évocatrice de la chanson et sa capacité de résonance est telle pour un auteur comme Christian Bobin qu'il choisit de clore son livre de deuil en y recourant de façon massive. Mêlant de façon discrète des titres de ballades françaises pour composer sa dernière adresse à son amie disparue, il délègue explicitement à la chanson la clôture non seulement de cette dernière parole mais aussi du livre dans son ensemble :

> C'est entendu, Ghislaine, c'est entendu : je continuerai à bénir cette vie où tu n'es plus, je continuerai à l'aimer, je l'aime de plus en plus, un tel amour se chante à la claire fontaine, aux marches du palais, les lauriers sont coupés, la belle affaire que les lauriers sont coupés, j'irai quand même au bois les ramasser,
>
> Si la cigale y dort
> Ne faut pas la blesser
> Le chant du rossignol
> Viendra la réveiller.

Si les références ne sont pas sans tension érotique (notamment « Aux Marches du Palais » et « Nous n'irons plus au bois »), c'est avant tout le deuil qui prédomine par le biais de la référence « À la Clairefontaine », chant de la perte, et dans l'extrait cité de « Nous n'irons plus au bois » où le sommeil pourrait bien être lu ici comme la mort, dans ce jeu traditionnel de fraternité entre *hypnos* et *thanatos*. Dans ces deux ballades, la mention du rossignol (présent *in absentia* dans la première et *in praesentia via* la citation dans la deuxième) permet également de faire retour sur

64 Il s'agit du poème « Il n'y a pas d'amour heureux » (1943) d'Aragon, partiellement repris et modifié dans la chanson de Brassens dix ans plus tard.

65 Nadine Trintignant, *Ma fille, Marie*, Paris, Fayard, 2003, p. 151-152.

l'œuvre elle-même, non seulement parce que le rossignol est celui qui a la grâce d'entrer en contact avec la disparue, absente ou défunte, mais aussi parce que le motif du rossignol, depuis le romantisme, est « vécu fréquemment avec insistance comme le symbole de la mission poétique élégiaque de "Sehnsucht" et de plainte[66] ». Il peut aussi rappeler l'amour impossible comme dans les *Lais* de Marie de France. Christian Bobin clôt ainsi son œuvre par une adresse qui se diffuse dans l'atemporalité suscitée par les chansons traditionnelles, tissage textuel et vocal qui donne à son œuvre de deuil un caractère d'éternité.

AVEC LA LITTÉRATURE DE JEUNESSE

La deuxième perspective intertextuelle qui peut retenir notre attention dans ces écritures des « deuils sans noms » est celle de la littérature de jeunesse (dont la légitimité, aujourd'hui avérée[67], demeure néanmoins une question sensible[68]). Tout comme pour la chanson, la présence de la littérature de jeunesse témoigne de l'innovation portée par les « deuils sans noms ».

Philippe Forest est de toute évidence l'auteur qui s'en saisit le plus. Non seulement le titre du premier livre consacré à Pauline réfère-t-il, nous l'avons vu, à James Barrie, mais l'auteur emprunte également à *Peter Pan* un certain nombre de passages pour nourrir ses épigraphes qui rythment le récit vers sa fin tragique : l'entièreté du livre *Peter Pan* est parcourue, depuis *l'incipit* (« Two is the beginning of the end ») jusqu'à l'excipit (« and thus it will go on, so long as children are gay and innocent and hearltess »). Toute l'histoire de Peter Pan est ainsi intimement mêlée au récit de la maladie puis de la mort de Pauline. À tel point que Philippe Forest tisse à plusieurs reprises des parallèles entre sa fille et les personnages, que ce soit par rapport à leur combat (« Peter et Crochet [...] comme Pauline [...] ont un ennemi commun qui se nomme le temps ») ou à leur destinée, quand Pauline se fait Wendy :

66 Martin J. G. De Jong, *Le Présent du passé : Essais de littérature comparée*, Namur, Presses universitaires de Namur, 1994, p. 286.

67 Voir par exemple Christiane Connan-Pintado et Gilles Béhotéguy, *Littérature de jeunesse au présent : genres littéraires en question(s)*, Bordeaux, Presses universitaires de Bordeaux, 2015, p. 8.

68 Fanny Barnabé, « Les polémiques autour de la littérature jeunesse, ou la quête sans cesse rejouée de la légitimité », *COnTEXTES* [Online], 10 | 2012, Online since 09 April 2012, connection on 26 February 2020.

> Alors, Peter ouvrit toutes grandes les baies vitrées. Wendy posa sur les lèvres de ses parents un long et tendre baiser rêvé. Elle savait qu'elle ne les reverrait plus. Elle glissa sa main dans celle de Peter. Ils sautèrent par la fenêtre de l'hôpital des enfants malades[69].

Cette transposition de la fin est simultanément promesse de continuité dans la fiction puisque Philippe Forest loue les héros de jeunesse dont « l'histoire est infinie à la manière des mythes qui nous marquent. Elle se poursuit de chevet en chevet quand vient pour les enfants l'heure d'aller au lit[70] ».

Peter Pan joue ainsi le rôle d'intermédiaire parfait entre fiction et réalité. Tout à la fois support évocatif – résurrection des moments passés avec l'enfant[71] – et système réflexif – la mort et le deuil au miroir de la fiction enfantine –, l'œuvre de Barrie demeure l'intertexte *princeps* de l'œuvre forestienne. Parce qu'elle met fondamentalement en jeu le rapport conflictuel au temps et à la disparition, tout en mêlant jeu et mort de façon très intime[72], elle permet à Philippe Forest de faire résonner, au moment de l'énoncé, le travail de trépas[73] de l'enfant et, au moment de l'énonciation, le travail du deuil chez le père.

Troublante, l'œuvre de Barrie – qui prend vraisemblablement ses racines dans une mort enfantine aussi : Peter Pan ne serait-il pas l'enfant qui ne peut pas grandir parce que mort[74] ? – n'est pas cantonnée qu'à l'univers endeuillé de Philippe Forest. Annie Ernaux aussi la cite rapidement, dans le livre consacré à sa sœur disparue, en mettant en avant la figure ambiguë du héros dont elle accentue le côté sombre : « Dans certaines versions, il vient dans les maisons chercher les enfants qui vont mourir ». Mais si elle le convoque comme bourreau (passeur vers la mort), elle rappelle également sa part victimaire (problématique de l'« enfant

69 Philippe Forest, *L'Enfant éternel*, *op. cit.*, p. 376.

70 *Ibid.*, p. 370.

71 Par exemple « La grande panthère noire » de Paul François et Lucile Butel (Paris, Flammarion, 1968).

72 Voir Monique Chassagnol, « De l'enfant mort à l'éternel enfant. L'histoire sans fin de J. M. Barrie », *Stories For Children, Histories of Childhood. Volume II : Literature*, Rosie Findlay et Sébastien Salbayre (éd.), Tours, Presses universitaires François-Rabelais, 2007, p. 353-367.

73 Voir Michel de M'Uzan, « Le travail de trépas », *De L'Art à la mort*, Paris, Gallimard, 1977.

74 Nathalie Prince, « *Peter Pan*, un conte à rebours », *Peter Pan. Figure mythique*, Monique Chassagnol (dir.), Paris, Autrement, 2010, p. 83-111.

de remplacement ») : « Un jour il revient. Il trouve la fenêtre fermée. Dans le berceau, il y a un autre enfant[75] ». Ce faisant, Peter Pan devient le lien entre Annie Ernaux et sa sœur décédée : tout à la fois celui qui emmène la petite sœur décédée mais aussi celui qui constate l'arrivée de la nouvelle née, donnant à la narratrice ce statut d'enfant de substitution.

Si comme le rappelle Nathalie Prince, *Peter Pan* peut-être considéré comme « *le* conte *pour* enfants par excellence[76] », une autre histoire canonique fait également retour dans le corpus, celle de *La Chèvre de Monsieur Seguin*[77]. L'identification du lecteur peut s'y jouer initialement entre le loup et la chèvre comme le suggère Monique David Ménard[78]. Mais, des deux, c'est certainement la figure de la chèvre qui est la plus propice à la projection ainsi que le souligne Hélène Merlin-Kajman[79]. Dans les œuvres du corpus qui la convoquent, les endeuillés y recourent de cette façon, faisant du (de la) disparu(e) un avatar de la vaillante chèvre qui se bat contre le loup (représentant la maladie). Colette Guedj mentionne la « vanité dérisoire de la vie », connue par la petite chèvre et devinée par sa fille : « Comme si tu [le] savais depuis longtemps, bien avant que le destin ne te donne raison [...] – avant de finir comme la petite chèvre de Monsieur Seguin, par déclarer forfait[80] ». De façon encore plus poignante, c'est la petite fille d'Hélène, dans *Fleurs de tempête* qui, référant à Alphonse Daudet, dit : « Ma maman *aussi* a été courageuse mais la maladie était très méchante » (nous soulignons). Au moment de clore son récit, Philippe Le Guillou souligne la portée symbolique de cette phrase dans l'expression du deuil : « Rien n'atteindrait jamais cette lumineuse et enfantine évidence[81] ». La référence acquiert même d'autant plus d'importance qu'elle se situe à la toute fin de l'œuvre.

---

75 Annie Ernaux, *L'Autre fille*, *op. cit.*, p. 76-77.

76 Nathalie Prince, « "Les contes pour enfants ne grandissent pas, sauf un". La genèse du mythe de Peter Pan (James Matthew Barrie) selon Régis Loisel », *Rester enfant, devenir adulte, la double contrainte des productions pour la jeunesse*, Isabelle Cani, Nelly Chabrol-Gagne et Catherine d'Humières (dir.), Clermont-Ferrand, Presses universitaires Blaise Pascal, 2007, p. 111.

77 Alphonse Daudet, *Lettres de mon moulin* [1879], Paris, LGF, Le Livre de poche classique, 1994.

78 Monique David-Ménard, *Tout le plaisir est pour moi*, Paris, Hachette Littératures, 2000, p. 27-28. Cité par Hélène Merlin Kajman voir ci-dessous, p. 145.

79 Hélène Merlin-Kajman, *Lire dans la gueule du loup. Essai sur une zone à défendre, la littérature*, Paris, Gallimard, collection « NRF Essais », 2016, p. 192.

80 Colette Guedj, *Le Baiser papillon*, Paris, Jean-Claude Lattès, 1999, p. 69.

81 Philippe Le Guillou, *Fleurs de tempête*, Paris, Gallimard, 2008, p. 62.

Mais il est un troisième personnage qui fait sens dans l'histoire : M. Seguin qui « *aime* sa chèvre[82] ». La figure de la petite chèvre devient alors non seulement l'incarnation du courage (la dimension épique est manifestement soulignée dans les processus identificatoires mentionnés) mais aussi du support affectif. C'est ainsi la perte de M. Seguin qui est en jeu par rapport à l'objet d'amour qu'est la chèvre. Le « climat de deuil », comme le définit Nathalie Prince, présent dans l'œuvre de Barrie l'est donc aussi dans l'œuvre de Daudet : l'intertexte permet également d'actualiser le deuil, celui de Colette Guedj en tant que mère ; celui de Marie en tant qu'enfant et, par son truchement, celui de Philippe Le Guillou en tant qu'ami.

AU REGARD DU LIVRE

Il est enfin un dernier intertexte qui s'actualise dans ces œuvres liées aux deuils sans noms. Il s'agit de celui qui s'instaure non dans le rapport aux livres, mais au *Livre*. À une époque où la religion catholique – à l'arrière-plan culturel de notre corpus[83] – a certainement perdu de sa force, la Bible demeure néanmoins, tradition culturelle et cultuelle oblige, une référence omniprésente[84]. Non que sa fonction consolatrice soit particulièrement probante aux yeux des auteurs et qu'elle puisse constituer un horizon consolateur là où la communauté des croyants échoue[85]. Jérôme Garcin, par exemple, cite la carte imprimée par ses parents au lendemain de la mort de son frère sur laquelle est noté le Psaume LII, 10 : « Et moi, comme l'olivier verdoyant dans la demeure d'Élohim, je m'abandonne à la gloire de Dieu pour l'éternité[86] ». Il

82 Hélène Merlin-Kajman, *Lire dans la gueule du loup. Essai sur une zone à défendre*, *op. cit.*, p. 146.

83 Qui s'ancre dans une tradition très judéo-chrétienne. Anne-Dauphine Julliand par exemple termine *Deux petits pas sur le sable mouillé* (éditions des Arènes, 2011 ; réédition J'ai lu, 2017) par « À Dieu, petite Thaïs » (p. 247), remotivant la formule religieuse plus explicite : *(je) vous (re) commande à Dieu.*

84 Dans *L'Enfant éternel*, Philippe Forest écrit : « Passé un certain point, il n'y a plus que la prière », (p. 36).

85 Quand elle n'est pas décriée, ainsi des portraits à charge de René de Ceccatty par exemple. Certaines déclarations humoristiques (« Je suis discourtois avec le Ciel, maladroit avec ses intercesseurs ») ou formules plus virulentes (« Catholiques envahissants, acceptez une bonne fois pour toutes l'idée que vous n'êtes pas aimés ni même supportés ») vont dans le sens d'une mise à distance assez prononcée.

86 Jérôme Garcin, *Olivier*, Paris, Gallimard, 2011, p. 55.

souligne ainsi la dimension « réconfortant[e] » de la religion pour ses parents[87] mais non pour lui, ce qui n'est pas anodin.

Il semble en effet que cette fonction soit particulièrement absente des textes pour la génération née après la guerre : comme le souligne avec dépit Aline Schulman, après avoir lu et relu le Livre : « Et pourtant que de fois m'avait-on dit : dans la Bible, on trouve toujours une consolation[88] ». Même Christian Bobin, qui place son œuvre sous un fort signe religieux par le biais d'un exergue emprunté à saint Marc, écrit : « Je n'ouvre pas de Bible, je ne viendrai à cette chose que lorsqu'elle sera épurée de toute consolation rincée de tout imaginaire, je sais très bien que je ne te reverrai plus sur cette terre, que c'en est fini de ton rire sur la terre[89] ». Éventuellement, c'est la dimension justement non consolatrice qui est appelée dans la Bible, comme le signale Annie Ernaux : « [...] dans l'Évangile de Matthieu, ces paroles du prophète Jérémie, *Rachel qui pleure ses enfants dans le désert et elle ne veut pas être consolée parce qu'ils ne sont plus*[90] ». Revenant sur le passage d'un prêtre au funérarium où repose le corps de sa fille, Philippe Forest se souvient lui aussi que ce dernier avait cité ce même passage qui ne promet pas d'hypothétique consolation : « [...] le seul que nous pouvions entendre[91] ».

Néanmoins, la Bible imprègne un certain nombre de textes, de trois manières différentes : par le biais d'allusions, de réécritures, voire d'invention.

Les allusions sont en général de brèves références intertextuelles au Livre, comme Aline Schulman pour interroger la mort[92] ou Sophie Daull faisant une analogie *in absentia* entre la disparition de sa fille et la mise au tombeau du Christ : « C'est Pâques et tu ne ressusciteras pas[93] ». Cette référence à Jésus, figure emblématique du fils décédé, est également exploitée chez Michel Rostain. Mais loin de n'en faire qu'une brève mention, il va renvoyer à un épisode précis et le détourner (deuxième façon d'utiliser les récits bibliques). Il convoque l'épisode de

87 On notera bien sûr la proximité « olivier »/« Olivier ».
88 Alina Schulman, *Paloma*, Paris, Le Seuil, 2001, p. 85.
89 Christian Bobin, *La Plus que vive*, *op. cit.*, p. 19.
90 Annie Ernaux, *L'Autre fille*, *op. cit.*, p. 56.
91 Philippe Forest, *L'Enfant éternel*, *op. cit.* p. 102.
92 Voir Aline Schulman, *Paloma*, *op. cit.*, p. 100-101.
93 Sophie Daull, *Camille, mon envolée*, *op. cit.*, p. 188.

la crucifixion de Jésus (Matthieu, 27, 46 et Marc, 15, 34[94]) s'adressant à son Père « Pourquoi, pourquoi m'as-tu abandonné ? ». Mais Michel Rostain choisit d'en inverser les polarités : il détourne ainsi l'énoncé, en inversant les rôles père/fils, pour crier sa douleur de père endeuillé : « Mon fils ! Mon fils ! Mon fils ! Tu penses soudain à Jésus à Gethsémani, toi l'athée. Tu ressasses : "Pourquoi, pourquoi m'as-tu abandonné ?"[95] ». Ce n'est donc plus le père qui abandonne le fils ici, c'est l'inverse. L'épisode biblique est ainsi envisagé au regard de la situation présente qu'il permet d'éclairer : au-delà de la simple mention, la Bible est tout à la fois actualisée et détournée dans une réécriture qui la met en perspective. Il y a donc là un jeu qui s'instaure avec le substrat biblique. Parfois – troisième utilisation – l'auteur va même au-delà de ce jeu. C'est ce que fait Aline Schulman qui s'adonne à l'invention. S'affranchissant des limites du Livre, elle en propose de nouveaux épisodes : « On ne trouve pas cette parabole dans la Bible ? Et après ! On prend sa Bible où on la trouve, on se fait la Bible qu'on peut. Ma Bible à moi, c'est l'histoire que je raconte [...]. » Son livre *Paloma* se développera selon cette métaphore filée, en faisant de la narration en cours un renouveau dont l'un des pôles d'aimantation est la Bible.

Bible, littérature de jeunesse, chanson... Les écritures des deuils sans noms innovent dans leur création intertextuelle : la Bible y est revisitée, la littérature de jeunesse complètement légitimée et la chanson définitivement intégrée. Au-delà des canons traditionnels (Victor Hugo, Stéphane Mallarmé), ces textes inventent et innovent en déplaçant les frontières de références qui ancrent le jeu dans une modernité en perpétuelle évolution, certains des écrits relevant des deuils sans noms devenant même de nouvelles références partagées.

Les « deuils sans noms » sont le lieu d'une relance perpétuelle de l'intertextualité : s'ils prennent appui sur les classiques de la littérature qu'ils réinvestissent, leur plus grande force, à cet égard, est de renouveler le corpus des références sensibles. De nouvelles et récentes figures de l'écriture du deuil sont ainsi convoquées, comme nous l'avons montré, enrichissant une constellation des littératures endeuillées dont les

94 Voir aussi Psaume 22.

95 Michel Rostain, *Le Fils* [Paris, Oh ! Éditions, 2011], Paris, Pocket, 2012, p. 58.

frontières se modifient et s'élargissent, les contemporains d'hier devenant si ce n'est les classiques, au moins les références d'aujourd'hui. On a vu la place que Philippe Forest occupait dorénavant, mais on peut aussi relever celles d'autres auteurs comme Jérôme Garcin dont Olivia Lamberterie souligne la portée (« Je cherche des frères dans ma bibliothèque. Je relis des pages du récit de Jérôme Garcin, *Olivier*, magnifique tombeau érigé pour son frère jumeau mort à la veille de leurs six ans[96] ») ou encore de Bernard Chambaz et de Michel Rostain (mentionnés dans *La Gloire d'Inès*[97]). Chez Philippe Delaroche, l'immersion dans la communauté littéraire devient même un des moteurs de l'œuvre, l'auteur passant en revue une riche histoire du deuil qui lui permet d'élaborer le sien.

La communauté du livre est peut-être la seule et vraie communauté de tous ces « deuils sans noms » : le texte, écrit et/ou lu, dans son processus de signifiance sans cesse recommencé et enrichi, comme lieu ultime et intime du deuil. L'écriture des « deuils sans noms » relève ainsi d'une pratique tout autant textuelle qu'intertextuelle, permettant l'avènement d'une communauté symbolique, celle relevant du *livre de deuil*. Si, comme le dit Didier Éribon, « la communauté de ceux qui se reconnaissent dans un livre » constitue « au sens fort, un public, soudé par complicité affective, émotionnelle, autant ou plus encore qu'intellectuelle[98] », peut-être les communautés littéraires du deuil sont elles-mêmes au-delà de l'émotion et de l'intellect dans une perspective qui est davantage celle de la résonance spirituelle et de la justesse universelle.

Dans un entretien un peu provocant, Philippe Forest revenait sur la question du lien communautaire en définissant deux types différents de réception de ses œuvres : « En général, ceux qui rejettent mes livres ont été épargnés par l'expérience de la souffrance. Alors qu'au contraire ceux qui ont eu une expérience similaire sont beaucoup plus réceptifs. J'aime bien l'idée d'emmerder les premiers et de faire signe aux autres[99] ». Alors qu'on pourrait penser, en première instance, que Forest exclut de la communauté du deuil littéraire tous ceux qui n'en ont pas fait l'expérience (mais est-ce possible ?), il l'ouvre en fait à la souffrance

96 Olivia de Lamberterie, *Avec toutes mes sympathies*, *op. cit.*, p. 144.

97 Philippe Delaroche, *La Gloire d'Inès*, *op. cit.*, p. 58.

98 Didier Éribon, *La Société comme verdict*, Paris, Fayard, 2013 ; réédition Flammarion, collection « Champs Essai », 2014, p. 101.

99 Philippe Forest, « Il faut une littérature révoltée », propos recueillis par Franck Nouchi, *Le Monde*, 08 mars 2007.

de manière générale. La communauté littéraire du deuil, loin d'exclure ou de mettre à part, inclurait donc, dans la perspective sensible d'une ontologie partagée.

RETOUR SUR…

… UNE CERTAINE SAISIE DU DEUIL ET DE LA MORT

Depuis une cinquantaine d'années, l'attention critique portée à la mort en général et au deuil en particulier est particulièrement intense. Dans son ouvrage *Le Travail de deuil* paru en 2007 Martine Lussier revient précisément sur cette abondance d'écrits et en esquisse une généalogie[1] : prenant source dans la deuxième moitié du XXe siècle avec les travaux précurseurs d'Edgar Morin (*L'Homme et la mort*[2], 1951 puis 1970), les études sur la mort connaissent un réel essor avec les recherches, aujourd'hui encore incontournables, des historiens comme Philippe Ariès (*L'Homme devant la mort*, 1977) ou Michel Vovelle (*La Mort et l'occident de 1300 à nos jours*[3], 1983), des anthropologues comme Louis-Vincent Thomas (*Anthropologie de la mort*[4], 1975), des médecins comme Élisabeth Kübler-Ross (*Les Derniers instants de vie*[5], 1975) ou des sociologues comme Norbert Élias (*La Solitude des mourants*, 1979). Ce constat inflationniste peut également être posé à propos des monographies ou articles de psychologie comportant le mot « deuil » ou « travail de deuil[6] » au cours des trente dernières années du siècle. Martine Lussier explique à ce sujet que tous ces travaux ont permis d'étoffer l'approche du deuil initiée par Freud[7], poursuivie par Bowlby (dans le cadre de

1 Martine Lussier, *Le Travail de deuil*, Paris, Presses Universitaires de France, collection « Le fil rouge », 2007, p. 12-22.

2 Edgar Morin, *L'Homme et la Mort*, Paris, Le Seuil, 1970.

3 Michel Vovelle, *La Mort et l'occident de 1300 à nos jours*, Paris, Gallimard, 1983.

4 Louis-Vincent Thomas, *Anthropologie de la mort*, Paris, Payot, 1975.

5 Élisabeth Kübler-Ross, *Les Derniers Instants de vie*, Genève, Labor et Fides, 1975.

6 Voir Martine Lussier, *Le Travail de deuil*, *op. cit.*, p. 20.

7 Pour plus de détail, voir l'introduction à l'ouvrage de Martine Lussier de Claire-Marie Françoise-Poncet.

la théorie de l'attachement), ou Melanie Klein (qui le rapproche de la perte initiale : le sevrage). L'ensemble de ces publications dans le domaine des sciences humaines a également participé d'une remise en lumière de la mort au moment même où elles l'analysaient. On pourrait, pour revenir à une époque plus contemporaine, enrichir cette recension en mentionnant l'incroyable vigueur des recherches récentes en sociologie de la mort[8], dont les travaux, comme l'explique Gaëlle Clavandier, s'ils ont tendance à se focaliser davantage sur des « objets "restreints"[9] », produisent néanmoins des « *discours sur la mort* ».

Or, de ces *discours sur la mort*, le plus important et le plus discuté actuellement est celui qui porte sur le déni de la mort. Nous avons vu en introduction que cette thèse était de plus en plus débattue et que l'effervescence littéraire actuelle contribuait également à la mettre en question : comment, dans le cadre du déni, penser cette prolifération d'écrits littéraires sur la mort, et notamment ceux que nous avons appelés « les deuils sans noms » ?

Certaines thèses sociologiques récentes proposent de dépasser cette apparente tension en reconfigurant l'hypothèse fréquemment avancée : la question ne serait pas tant celle du déni que celle de la *place* de la mort. Jean-Hugues Déchaux propose ainsi un modèle herméneutique stimulant qui résonne de façon particulièrement juste avec ce que nous observons au point de vue littéraire : celui de « l'intimisation » de la mort. Le sociologue avance l'idée que la mort se penserait aujourd'hui non plus dans le cadre du rituel, mais de l'échelle interindividuelle :

> La mort regarde de plus en plus la subjectivité de chacun et les attitudes qui lui sont liées ne s'expriment socialement qu'à condition de reconnaître l'expérience *intime*, celle du mourant ou de l'endeuillé[10].

L'intime prime ainsi dans cette vision de la mort, face au collectif, opposant « au rite funéraire et à sa logique d'affiliation une tout autre

8 Sans parler, bien sûr, des recherches en littératures. On se reportera à notre bibliographie.

9 Gaëlle Clavandier, *Sociologie de la mort. Vivre et mourir dans la société contemporaine*, Paris, Armand Colin, 2009, p. 197.

10 Jean-Hugues Déchaux, « "La mort n'est jamais familière". Propositions pour dépasser le paradigme du déni social », *Des vivants et des morts. Des constructions de la « bonne mort »*, Sylvie Pennec (dir.), Brest, ARS-CRBC, UBO, 2004, p. 22. Nous soulignons.

logique : celle de la reconnaissance intersubjective[11] ». Or, la reconnaissance intersubjective[12] est précisément celle qui est en jeu dans l'expérience littéraire, et l'intime ce qui est au cœur de l'écriture des « deuils sans noms ». Les écrits du deuil en général, et singulièrement ceux des « deuils sans noms », s'inscriraient donc dans cette « intimisation de la mort ». La rencontre entre l'auteur et les lecteurs, *via* la publication, permettrait en effet « de vivre et de célébrer un "entre-soi" fondé sur des liens affinitaires, électifs et nécessairement éphémères », ici ceux de la littérature[13].

La question des liens est au demeurant, nous l'avons montré, celle qui caractérise les « deuils sans noms » : les liens qui leur correspondent dérogent de fait à une certaine logique, si ce n'est de l'existence, tout du moins des représentations sociétales à propos de ce qui engage légitimement la perte. Les œuvres relevant des deuils sans noms jouent ainsi comme des *reconfigurations* des liens et de leur perte, exprimant tout autant qu'elles portent au jour ces disparitions.

… UN CORPUS HÉTÉROCLITE

Abordant la question des rapports entre le deuil et la littérature, Roland Barthes en souligne la complexité au moment d'évoquer la disparition de sa mère : « Je ne veux pas en parler par peur de faire de la littérature – ou sans être sûr que ce n'en sera pas – bien qu'en fait la littérature s'origine dans ces vérités[14] ». En expansion perpétuelle, le corpus des « deuils sans noms » renouvelle cette interrogation sur la

11 Jean-Hugues Déchaux, « La mort incertaine », *Faut-il faire son deuil ? Perdre un être cher et vivre*, Pascal Dreyer (dir.), Autrement, 2009, p. 193-207.

12 C'est également celle que nous avions vu dans la mise en place de collectivités du deuil, voir « Chapitre IV. Communauté(s) endeuillée(s) ? »

13 Comme le souligne Myriam Watthee-Delmotte, « le talent des hommes de lettres est la chance des hommes ordinaires. Ce qui a fait couler les larmes des premiers est parfois ce qui aide à faire sécher celles de seconds, et la pose prise par les écrivains n'empêche nullement leurs textes d'atteindre des effets réels » (*Dépasser la mort. L'agir de la littérature*, Arles, Actes Sud, 2019, p. 63).

14 Roland Barthes, *Journal de deuil, 26 octobre 1977 – 21 juin 1978*, Paris, Le Seuil / Imec, collection « Fiction & Cie », 2009, p. 33.

littérature et se trouve marqué par une grande hétérogénéité littéraire que l'on peut appréhender à trois niveaux : auctorial, éditorial et formel.

Au niveau des auteurs se côtoient des figures extrêmement disparates, ne serait-ce qu'en termes de reconnaissance. Plusieurs écrivains du corpus, en effet, relèvent de ce que Bourdieu appellerait le « sous champ de grande production[15] » (Anne-Marie Revol, Patrick Chesnais par exemple). D'autres font leur première apparition dans le champ littéraire à l'instar de Sophie Daull ou d'Olivia de Lamberterie. Néanmoins, le corpus compte des écrivains confirmés comme Pierre Jourde ou Christian Bobin, reconnus et largement légitimés par la sphère universitaire comme Philippe Forest ou Camille Laurens, et même en voie de classicisation comme Annie Ernaux. C'est certainement le jeu entre ces différentes écritures et personnalités auctoriales qui permet de saisir la richesse de ce genre émergent que sont les « deuils sans noms ».

En ce qui concerne le secteur éditorial, le constat est également celui de la variété. Des éditeurs de renommée indiscutable, eux-mêmes facteurs de légitimation comme Gallimard, P.O.L, ou encore Stock, côtoient des éditeurs davantage grand public comme Albin Michel ou Oh ! Éditions. Il nous avait semblé important, pour analyser ce mouvement d'ensemble, d'investir l'ensemble du secteur, de manière à mettre en évidence la massivité d'un phénomène qui intéresse toutes les maisons d'édition, au-delà de leurs choix spécifiques habituels.

Une certaine sédimentation symbolique est néanmoins observable par le biais de cette entrée éditoriale si on examine le corpus dans une perspective temporelle : sans réelle surprise, en effet, les œuvres ont connu des destinées différentes, que le passage en poche permet d'interroger. On sait que les rééditions dans ce format, tout en étant signe d'une entrée dans « un marché de masse », accentuent la longévité et la visibilité d'une œuvre (elles deviennent alors « lieu du fonds », « édition de référence[16] »). Si certains livres ne sont jamais sortis sous ce format, restant de ponctuels témoignages[17], nombre d'entre eux ont connu cette deuxième vie qui a pu accroître encore leur visibilité voire leur

15 Pierre Bourdieu, « Le champ littéraire », *Actes de la recherche en sciences sociales*, vol. 89, n° 4, 1991, p. 5.

16 Éric Martin « Les enjeux du livre au format de poche », *Culture études*, vol. 4, n° 4, 2008, p. 1-8.

17 Max Derhy, *Les Fils ne doivent pas mourir*, Paris, Albin Michel, 2017.

permettre astucieusement de donner des gages de légitimité : ainsi de l'édition au « Livre de Poche » de *Nos étoiles ont filé* d'Anne-Marie Revol qui met en avant le prix reçu par le livre (Grand Prix des lectrices de *Elle*) par le biais d'un montage sur la couverture.

Mais la sortie en poche n'est pas forcément gage de pérennité. Prenons deux œuvres quasi contemporaines : parue en 1994, *La Disparition* de Geneviève Jurgensen est rééditée dès 1995 en poche ; publié trois ans plus tard *L'Enfant éternel* de Philippe Forest l'est en 1998. Les deux connaissent donc une sortie au format poche un an après leur publication en grand format. Mais aujourd'hui, seul *L'Enfant éternel* est disponible. *La Disparition* faisait pourtant partie, au moment de sa parution, des titres retenus par *Le Monde* pour un article sur « Ce que les Français ont lu cette année[18] », présentant, au terme d'un choix critique, certaines les œuvres plebiscitées. Ginette Raimbault avait d'ailleurs consacré un chapitre de sa stimulante étude *Lorsque l'enfant disparaît* à cette œuvre qui, finalement, n'a plus aujourd'hui la place qu'elle occupait il y a vingt-cinq ans. *L'Enfant éternel*, en revanche, est toujours publié, lu et même étudié à l'université.

Certes, ce n'est pas la réédition qui seule consacre les œuvres (signe, si ce n'est de leur littérarité, au moins de leur actualité) mais le « processus critique qui se réalise entre le moment où elles paraissent et celui où elles intègrent le discours de l'histoire littéraire[19] ». Force est de constater à cet égard, pour continuer avec notre exemple, que les œuvres de Philippe Forest qui se positionnent avec force dans ce champ littéraire ont été – et sont de plus en plus – accompagnées par un abondant discours critique[20].

Esthétiquement, pour revenir plus largement au corpus et aborder le troisième niveau de distinction retenu, la forme la plus récurrente est celle de la lettre au disparu (ou le journal adressé). Inhérente à ces

18 *Le Monde*, 24 juin 1994.

19 Daniel Chartier, *L'Émergence des classiques*, Montréal, Fides, 2000, p. 282.

20 Outre la multitude de textes critiques consacrés à l'auteur (dont le livre de Maïté Snauwaert, *Philippe Forest, la littérature à contre-temps*, Nantes, Éditions Nouvelles Cécile Defaut, 2012) on citera aussi l'existence, depuis moins de cinq ans, de trois thèses (dont deux déjà soutenues), ainsi que l'organisation d'un colloque international en 2016 dont les actes sont parus chez Gallimard en 2018 (Aurélie Foglia, Catherine Mayaux, Anne-Gaëlle Saliot et Laurent Zimmermann (dir.), *Philippe Forest une vie à écrire*, Paris, Gallimard, Les Cahiers de la NRF, 2018).

formes, nous avons pu souligner l'importance de cette adresse, parfois reprise dans des structures plus complexes : intermittences du « tu » voire fictions du « tu ». Toutes les œuvres, cependant, ne s'inscrivent pas dans cette même proximité fictionnalisante avec le (la) disparu(e) : au cours de l'analyse, on aura pu être sensible aux structures qui inversent la tendance en faisant parler les morts (Catherine Guillebaud, Michel Rostain) ou encore à celles qui se décentrent (Angélique Villeneuve). Si elle a pu parfois être induite par un effet de collection comme nous l'avons vu[21], cette dimension semble être une caractéristique forte d'un nombre important d'œuvres relevant des deuils sans noms.

Dans l'ensemble (sans pour autant céder à l'uniformisation ou l'indifférenciation), ce qui unit les « deuils sans noms » est peut-être la question de la voix, triplement : celle des auteurs, premièrement, qui résonne dans l'espace de leur écriture, mais aussi, deuxièmement, celle des *autres* auteurs convoqués, traversant les œuvres à la manière d'une riche intertextualité qui vient nourrir et enrichir les textes, ainsi que, troisièmement, de façon plus prosaïque, les voix des défunts, recherchées au point d'en fétichiser les traces numériques (Philippe Delaroche), d'en donner des retranscriptions épistolaires[22], mais aussi d'en faire le titre de l'œuvre : *La Nuit tombe quand elle veut* de Marie Depussé est ainsi la restitution d'une parole du frère, celle-là même qui clôt le récit, la

21 Voir ici même, « Chapitre I. Parler aux morts ».

22 La lettre est effectivement un moyen de faire surgir une adresse au cours du récit, notamment en recourant à des lettres réelles : non pas celles qui sont dans l'après-coup de la mort et dans le moment de l'énonciation, mais celles qui sont liées à la vie réelle et émanent d'une écriture antérieure, ancrée dans le réel. Il s'agit de ce qu'on pourra appeler des « fragments épistolaires », sortes de citations de lettres, de plus ou moins grande ampleur, qui traversent le texte. Nadine Trintignant évoque ainsi les lettres de sa fille qu'elle a gardées et en livre des extraits, commentant avec amour (« tu inventais de jolis mots », p. 156), émettant des hypothèses sur les conditions d'écriture, et revenant sur le bouleversement lié à la transcription de ces missives : « Cette lettre-là, j'ai pleuré en la recopiant » (p. 162). La missive est ainsi incorporée au texte de deuil, non seulement au sens narratif mais aussi au sens propre : en appendice du livre sont présentes en fac-similé une petite dizaine de lettres, ce qui les donne à voir dans leur matérialité et renforce la présence de la disparue. On retrouve dans *Le Baiser Papillon* ce même type de jeu entre *transcription* de lettres et *reproduction* de lettres : deux pages sont par exemple entièrement construites autour d'extraits épistolaires photographiés et commentés, qui constituent autant de traces d'une présence envolée (p. 130-132). Mais il n'est pas que les mères qui chérissent les lettres, les pères aussi les convoquent dans l'écriture. Philippe Delaroche par exemple, place au cœur de son récit, un échange épistolaire avec sa fille Inès qui donne à entendre la voix de la disparue.

parole de la sœur se retrouvant enchâssée dans la voix du frère, comme un écrin de deuil inversé.

Mais la plus grande force de ces récits vient de leur richesse réflexive (sur la mort, le deuil et l'écriture elle-même), de leurs habiletés textuelles à en détourner les logiques pressenties, et de leurs résonances intertextuelles. Dans le foisonnement poétique de ces textes s'installent ainsi des œuvres qui marquent durablement en raison, nous l'avons vu, de leur exigence formelle et stylistique soutenue : outre les textes de Philippe Forest, on peut compter évidemment ceux de Camille Laurens et d'Annie Ernaux qui sont de grandes voix non seulement de la littérature en général, mais aussi de la littérature du deuil. Rejoints, on peut le penser dès à présent, par des écrivains comme Catherine Cusset dont l'œuvre (de deuil mais pas seulement) renouvelle les enjeux de l'écriture à la première personne ou Pierre Jourde dont le regard acéré ne cesse d'interroger le monde et la société.

… UNE CATÉGORIE OMNIPRÉSENTE

Nous avions proposé en introduction une typologie des diverses relations intersubjectives mises en jeu dans les « deuils sans noms ». Au terme du parcours critique, force est de constater que ce sont les œuvres liées au deuil de l'enfant qui sont les plus représentées.

Comme l'écrivait Annie Ernaux dans sa magistrale fresque *Les Années*, la perte de l'enfant a longtemps été une tragédie largement partagée, jusque dans l'après-guerre : « Il y avait des enfants morts dans toutes les familles. D'affections soudaines et sans remèdes, la diarrhée, les convulsions, la diphtérie. […] Les journaux titraient qu'il en mourait encore cinquante mille par an[23] ». Si au début des années cinquante, en effet, le taux de mortalité était de 50 pour mille (77 pour mille en 1946) il va continuer à diminuer de façon drastique jusqu'à atteindre, à la fin du XXe, des niveaux très bas (3,9 pour mille)[24]. Devenue rare, la perte de l'enfant en est donc d'autant plus retentissante, au point de

23 Annie Ernaux, *Les Années*, Paris, Gallimard, 2008, p. 40.
24 Gilles Pison, *Population et société*, n° 410, Ined, 2005.

devenir certainement « la plus scandaleuse et la plus inenvisageable[25] » des morts. La littérature s'en est fait la chambre d'écho, poursuivant, en l'intensifiant, une pratique d'écriture du deuil dont les premières traces marquantes remontent au XIXe[26]. À l'échelle de notre corpus d'une soixante de livres, il ne représente pas moins de la moitié des œuvres.

De tous les textes liés aux deuils sans nom, il est très vraisemblablement celui qui est à l'origine de l'expression la plus forte de la culpabilité[27]. Laure Adler explique ainsi devoir « expier d'être vivante, [elle] qui [a] donné la vie à un être qui a été, lui, privé de la vie[28] » et Philippe Forest évoque dans son essai « le chagrin, l'effort peut-être coupable de lui survivre[29] ». Culpabilité de s'inscrire contre le cours du temps donc mais aussi culpabilité de n'avoir pas saisi ni les signes *du* temps, ni les signes *à* temps. Car à la culpabilité de la survie, s'ajoute une autre culpabilité, celle de n'avoir pas anticipé la mort à venir. Il s'agit alors d'une culpabilité décentrée : toujours liée à la survie mais en tant que la mort aurait pu être évitée. Philippe Delaroche parle d'un « pressentiment », celui d'« un malheur qu'on séquestre au fond de soi pour le conjurer[30] ».

Pierre Jourde, qui met abondamment en avant cette même culpabilité, convoque un sentiment diffus mais connu de toute éternité, et en fait un des moteurs réflexifs de *Winter is coming*. Dès le premier chapitre, en effet, il évoque cette connaissance intime, voire viscérale[31], en reprenant une formule qui résonne comme un mantra (« avoir toujours su »), utilisée dans un crescendo tragique. La première reprise formalise l'anticipation :

---

25 José Morel Cinq-Mars, *Le Deuil ensauvagé*, Paris, Presses Universitaires de France, 2015, p. 7.

26 Mais dont on peut faire remonter le souci, *via* les consolations, à l'Antiquité, avec Sénèque par exemple, auteur comme le signale Ginette Raimbault, d'une *Consolation à Marcia.* La psychanalyste montre ainsi l'existence d'un certain nombre de discours articulés autour de la perte d'un enfant, p. 15-25.

27 Voir Jean Cournut, « Deuil et sentiment de culpabilité » dans Nadine Amar (dir.), *Le Deuil*, Paris, Presses universitaires de France, 1998, p. 95-108.

28 Laure Adler, *À ce soir*, Paris, Gallimard, 2001, p. 129.

29 Philippe Forest, *Tous les enfants sauf un*, Paris, Gallimard, 2007, p. 174.

30 Philippe Delaroche, *La Gloire d'Inès*, Paris, Stock, 2016, p. 89. Au début du livre, la mère s'inquiète mais le père refuse cette angoisse : « Son pressentiment, j'avais été trop abruti pour le faire mien » (p. 57). Plus tard, il reconnaît : « L'inquiétude de sa mère avait pris rétrospectivement la valeur d'un tragique et irrésistible pressentiment, désormais fondé et justifié »

31 Voir à ce sujet ici même la question du destin, « Chapitre II. »

« L'avoir toujours su, avant même d'avoir des enfants, avant même d'être adulte. Comme le pressentiment d'un immense chagrin […] ». La deuxième la précipite en la plaçant sur une courbe temporelle qui actualise l'événement à venir : « Avoir toujours su, depuis l'enfance, que le jour viendrait où on saurait qu'on avait su […] ». La troisième le confirme dans une perspective tragique et allégorique qui le rend inéluctable : « l'avoir toujours su, parce que la perfection ontologique du Mal le pousse presque irrésistiblement vers l'existence[32] ». Du pressentiment, on passe de façon ostensible à la prémonition, davantage lestée encore par un poids parapsychique qui confine à l'ésotérique[33].

Les signes à interpréter sont ainsi omniprésents et nombre de parents endeuillés les interrogent, parfois *a posteriori* comme Philippe Delaroche qui met en avant « la récapitulation après coup des signaux satellitaires du drame qui s'est mise à [le] hanter[34] ». C'est ce que fait aussi Michel Rostain dans une relecture du passé qui le constitue comme prémonition du futur, sous la forme d'une pensée magique inversée. Il écrit ainsi avoir « au cours des dernières années, juste avant [l]a mort [de son fils] donc, […] mis en scène au moins cinq ou six opéras sur la mort intime. Et même une fois un spectacle sur le deuil d'un enfant. Pourquoi ? Pourquoi justement [c]es tours et retours incessants sur le deuil ? ». Il n'est alors qu'un pas à franchir, celui d'une interprétation culpabilisante qui les constitue « comme des anticipations, et même comme des maléfices[35] ».

Face à ces vies inachevées (quand elles ne sont tout simplement pas à peine commencées) et comme volées à leur destinée et à leur inscription dans le monde, les auteurs choisissent souvent (et c'est une deuxième caractéristique marquante de cette partie du corpus, en sus de la forte culpabilité/responsabilité) de redonner une forte présence au disparu. Le prénom est ainsi fréquemment utilisé dans le titre, plus que ce n'est le cas dans les autres œuvres du corpus[36], afin de rappeler celui ou celle

32 Pierre Jourde, *Winter is coming*, Paris, Gallimard, 2017, p. 19.

33 Cette perspective est particulièrement développée chez Bérengère de Bodinat qui regrette de n'avoir pas agi, ce qu'elle résume sous la formule choc : « Mon choix, ma culpabilité » (p. 70). C'est cependant de cette culpabilité qu'elle va se défaire tout au long du livre, en réaffirmant la présence des morts (p. 104) et leurs choix (en l'occurrence, le choix fait par son fils de disparaître).

34 Philippe Delaroche, *La Gloire d'Inès*, *op. cit.*, p. 90.

35 Michel Rostain, *Le Fils* [Paris, Oh ! Éditions, 2011], Pocket, 2012, p. 30.

36 À quelques exceptions, portant sur des liens différents (Bruno Le Maire et son ami *Paul*, Jérôme Garcin et son frère *Olivier*, Vanessa Schneider et sa cousine *Maria Schneider*).

qui a disparu, retour du signifiant pour rappel du signifié. Procéder ainsi revient à contrer une des menaces qui pèsent sur les défunts et que Philippe Forest résume ainsi : « Les morts perdent d'abord le droit d'être nommés[37] ». Les parents, plus que tous autres, s'élèvent contre cet anéantissement post-mortem, d'autant plus certainement que la question du prénom était déjà au cœur des préoccupations parentales, avant même la naissance. Promesse d'existence (au moment du choix), le prénom se fait ainsi espoir de survie (au moment de la disparition). Chez Camille Laurens, un des plus jolis passages est d'ailleurs celui qui est consacré au choix du prénom, moment particulièrement important dans l'attente d'un enfant, en raison de tout ce qu'il actualise en avance et du don qu'il promet à celui qui le portera :

> Philippe. Son père aussi aimait ce prénom ; enfant, il aurait voulu le porter. Nom stable sur la base des p, équilibre de i et des hampes, douceur du e, grâce et force. Il ne faut pas seulement choisir un prénom, il faut le rêver, et qu'il rattache en nous les nœuds défaits[38].

Cette importance du prénom est confirmée chez Camille Laurens dans le choix qu'elle fait de l'utiliser dès le titre (*Philippe*), à la manière d'une épitaphe. Aucun adjectif ou complément de nom n'accompagne cette donation nue qui vaut également identité et existence pour celui qui n'a eu que « deux heures pour accomplir [s]a vie d'homme, en faire le tour[39]. » L'œuvre est même entièrement construite autour de ce prénom habitant le texte jusqu'à son avant-dernière ligne qui rejoue la succession royale en succession littéraire : « Philippe est mort, vive Philippe ».

La plupart du temps, cependant, les titres ne reposent pas sur la simple énonciation du prénom[40]. Une tournure fréquente est celle qui consiste à l'insérer dans une structure signifiante, qu'il soit complements du nom – *La Mort de Lara* (Thierry Consigny), *La Gloire d'Inès* (Philippe Delaroche) – ou support d'une apposition – *Camille, mon envolée* (Sophie Daull). Toutes les expansions mentionnées lient le prénom à la disparition, de façon brutale (« mort »), poétique (« mon envolée ») ou biblique (« La

37 Philippe Forest, *L'Enfant éternel*, *op. cit.*, p. 394.
38 Camille Laurens, *Philippe*, Paris, P.O.L, 1995, p. 25.
39 *Ibid.*, p. 14.
40 Exception faite également d'Aline Schulman, avec *Paloma*.

gloire »). À défaut du prénom, une tournure métaphorique est parfois utilisée, comme *L'Enfant éternel* chez Philippe Forest, allusion poétique et intertextuelle[41], ainsi que nous l'avons vu, qui convoque Pauline dans un système d'équivalence masquée (Pauline *est* l'enfant éternelle). Cette tournure métaphorique cède la place occasionnellement à un procédé de l'ordre de la métonymie comme chez Pierre Jourde avec un titre (*Winter is coming*) qui est aussi celui d'un morceau de musique composé par le disparu : appeler l'œuvre ainsi c'est donner en quelque sorte la partie pour le tout, le nom du morceau pour le fils.

Il est une œuvre de deuil d'enfant qui cependant fait exception aux traits ici développés ainsi qu'à l'émotion généralement véhiculée par ces écrits. Si la question du prénom y prend une importance majeure aussi, puisque celui-ci est également celui du père disparu (Georges[42] mis pour Stéphane), elle s'inscrit pour le reste de façon dissonante par rapport aux œuvres susmentionnées, tant poétiquement que subjectivement. Il s'agit du *Jour où je n'étais pas là* d'Hélène Cixous qui s'appuie sur une relation extrêmement distanciée, aussi bien physiquement qu'affectivement, à l'enfant disparu : deuil voilé peut-être où l'enfant est davantage *objet* d'enquête que *sujet* de déploration, ce qui se traduit dans le changement paradigmatique de culpabilité, portant non sur la disparition même mais sur le secret de cette disparition : « Que vont dire mes amis, que va dire mon éternel ami, à qui je ne parlai jamais de mon fils l'enfreint le premier[43] ? ». L'enfant, s'il est omniprésent – ou omni absent –, est présenté uniquement comme le support d'affects émoussés, n'ayant jamais été actualisés : « Je m'aperçois que n'ayant jamais posé de question je ne sais pas que l'enfant est mort : il a seulement changé d'absences[44] ». C'est justement ce défaut de présence qui mine le récit, lui donnant paradoxalement son élan (il le comble) tout en le répétant (il le fixe). Si l'œuvre d'Hélène Cixous est une « œuvre où le deuil se

41 « Peter Pan » est l'enfant éternel (voir ici le chapitre « Communauté(s) endeuillée(s) ») mais cette éternité est aussi remotivée dans le cours du livre par un redéploiement du rapport au temps chez l'enfant mourant : « L'enfant qui meurt est éternel. Ses heures sont comptées mais le temps, pour lui, s'ouvre par le travers. Chaque seconde abrite en son sein des jours qui se comptent eux-mêmes en années, en siècles d'immensité » (p. 383-384).

42 Voir au sujet du double Georges (père/fils) l'article de Jean-Michel Rabaté, « Prolégomènes pour une lecture rapprochée de *Si près* », *Roman 20-50*, vol. 64, n° 2, 2017, p. 79-86.

43 Hélène Cixous, *Le Jour où je n'étais pas là*, Paris, Galilée, 2000, p. 150.

44 *Ibid.*, p. 87.

constitue en principe vital de l'écriture[45] », c'est toujours en multipliant ses références (père, mère, fils) dans lesquelles le fils, s'il se situe dans un espace tout aussi incertain qu'il l'était lui-même (comme le suggère la narratrice), demeure principe majeur d'écriture :

> À la place de l'écriture : *mon fils, le commandant fantôme de l'écriture.* L'écriture fantôme de mon fils le mongolien. Je lui donnai la place de l'écriture.
> Je suis toujours à sa page[46].

… DES OUVERTURES ?

Quel que soit le lien mis en jeu dans la disparition (deuils d'enfants ou non) toutes les œuvres que nous avons répertoriées concernaient des *anonymes*, à l'exception de rares livres, comme celui de Pierre Bergé[47] qui avait pour double caractéristique de prendre sa source dans un discours à caractère officiel[48] et de concerner une personnalité connue. Si l'on souhaitait décentrer légèrement la nature de ces « deuils sans noms », ostensiblement placés sous le signe de défunts ne relevant pas de la sphère publique, il serait possible de l'ouvrir à des œuvres touchant à des *personnalités connues.*

Les œuvres relevant de ce corpus élargi, à dimension principalement amicale, auraient ainsi pour référent un défunt qui ne ressortirait pas *uniquement* de la sphère intime : un disparu célèbre dont les endeuillés vont interroger la relation avec eux entretenue, parfois dans des textes

---

45 Maxime Decout, « Lettres et l'être du deuil chez Hélène Cixous », *Post-scriptum.org*, « Deuils sans fin dans la littérature contemporaine », 2011, URL : http://www.post-scriptum.org/alpha/index.htm (consulté le 31 août 2020). Dans *Vieillir dit-elle, une anthropologie littéraire de l'âge* (Seyssel, Champ Vallon, 2014) Martine Boyer-Weinmann, se penchant sur la figure maternelle, revient sur la prégnance des morts dans l'œuvre : « Longtemps il a été impensable d'écrire sur elle ; des morts attendaient qu'on creuse leur tombe de mots et de livres. Le père, arraché à trente-neuf ans à l'affection des siens, prenait tout le temps et la place de tous les livres. L'enfant mongolien attendait son tour dans la nuit de la honte » (p. 167).

46 Hélène Cixous, *Le Jour où je n'étais pas là*, *op. cit.*, p. 116.

47 Ou encore de Vanessa Schneider.

48 La première lettre est en effet constituée par le discours prononcé à Saint-Roch lors des funérailles d'Yves Saint Laurent.

de circonstance (au plus près du chagrin), mais le plus souvent dans une œuvre au parfum de deuil plus discret, exhumant de nombreuses années après la disparition une relation hors du commun, avec un personnage qui ne l'est pas moins. Des œuvres qui ne se donnent pas forcément comme des œuvres de deuil mais qui le sont dans le fond ou, à tout le moins, de biais. C'est par exemple ce que fait Antoine Compagnon en 2015 dans *L'Âge des lettres* où, trente-cinq ans après la disparition de Roland Barthes, il revient « comme [il] l'a souvent fait dans [sa] tête, dans [ses] rêves, sur [leur] amitié[49] », au sein d'un texte où la nostalgie le dispute au deuil. En cette année du centenaire, Antoine Compagnon n'est pas le seul à évoquer *son* Barthes : outre Chantal Thomas[50] et Colette Fellous[51], sur un mode plus distant et académique – les livres ne sont pas de deuil mais d'hommage au maître[52] –, on peut penser à Philippe Sollers qui, au contraire, commence son *L'Amitié de Roland Barthes* par le « choc considérable » qu'a été pour lui la mort de Roland Barthes, avec qui il entretenait « une amitié très singulière, qui ressemble à l'amour[53] ». Et même si Philippe Sollers se défend du vocable « deuil », lui préférant le mot « chagrin » dans un hommage référentiellement marqué[54], les frontières du deuil ne sont pas loin, omniprésentes dans un texte où il analyse ce « manque » de Barthes : « [...] c'est quelque chose qui dure, qui ne s'en va pas ». Comme les autres, Sollers insiste sur sa connaissance du disparu aussi bien dans la dimension événementielle (« Barthes en a vraiment pris plein la figure ») que concrète (« sa large écriture bleue, aérée »). Il s'agit, tout en le proclamant, d'attester du lien, ce à quoi sert par exemple la reproduction en fac-similé de lettres. Cette geste d'authentification est importante – Colette Fellous aussi donne à voir des traces de son lien, par le biais de photographies cette fois – puisqu'il assoit la dimension intime de la connaissance et autorise le deuil.

49 Antoine Compagnon, *L'Âge des lettres*, Paris, Gallimard, 2015, p. 10.

50 Chantal Thomas, *Pour Roland Barthes*, Paris, Le Seuil, 2015.

51 Colette Fellous, *La Préparation de la vie*, Paris, Gallimard, 2014.

52 Chantal Thomas présente son livre comme un exercice d'admiration et de reconnaissance » et évoque un « rapport d'affection, d'empathie rêveuse [l'] attachant à Roland Barthes ». Quant à Colette Fellous, elle note : « On le regardait faire. On aimait voir ses mots bouger, se mettre ensemble, se séparer, se tenir à distance, hésiter un peu, se cacher dans le silence puis réapparaître d'un coup en lignes fermes et précises, éclatantes, dans un sourire amusé, pour former une chorégaphie, un chant. Parfois je me disais : une scène d'amour ».

53 Philippe Sollers, *L'Amitié de Roland Barthes*, Paris, Le Seuil, « Fiction et Cie », 2015, p. 34.

54 Il s'agit du *Journal de deuil* et du célèbre passage sur la distinction « deuil »/« chagrin ».

Mais il n'est pas que Roland Barthes qui soit le sujet de ces textes aux frontières des « deuils sans noms ». D'autres figures émergent : dans *Ce qu'aimer veut dire*, au titre pour le moins programmatique, Mathieu Lindon explore la relation entretenue avec Michel Foucault et explique, dès l'*incipit*, qu'« il y a trop longtemps qu'[il] veut écrire un livre sur Michel, [leur] amour et ses ramifications éternelles[55] ». Dans cette œuvre, Michel Foucault est ainsi présent au-delà des relations établies, ni père[56], ni amant, bien plutôt mentor intellectuel et identitaire. Être singulier en tout cas, pris dans une relation tout aussi singulière qui dépasse les catégorisations comme le met en avant la jolie formule : « Les amoureux passent, Michel est là pour l'éternité[57] ». Ce livre aux couleurs du deuil se démultiplie finalement, mise en abyme de divers deuils, et notamment littéraires. Au-delà de Michel Foucault, Mathieu Lindon évoque son père – l'éditeur Jérôme Lindon – mais aussi, en creux, Hervé Guibert. L'auteur déclare ainsi à la fin de son livre : « Je suis nécrophile : je persiste à aimer des morts [...] La nécrophilie n'est pas un vice sexuel, mais une affection affectueuse[58] ».

En raison du statut public des défunts et de leur aura[59] qui, d'une certaine façon, rejaillit sur celui qui écrit, ces textes revivifient la double glorification inhérente au genre du tombeau : celle du défunt et celle de celui qui le célèbre. En référant à des personnalités intellectuelles, ces œuvres engagent quelque chose de l'ordre de l'*éthos* : parlant d'autrui et de ma relation à autrui, je parle de moi et me donne à voir.

Il serait difficile de ne pas terminer cette interrogation sur les prolongements et ouvertures possibles de notre enquête (au risque, cette fois, de la décentrer) sans mentionner un mouvement intéressant qui constitue un écart en ce qui concerne la question du *rapport à l'intime*. Les deuils en question dans cette autre expansion possible du corpus, s'ils

55 Mathieu Lindon, *Ce qu'aimer veut dire* [Paris, P.O.L, 2001], Paris, Gallimard, collection « Folio », 2012, p. 26.

56 La question est soulevée à plusieurs reprises : « Michel, je l'aimais, mais pas comme un fils » (p. 216), « J'aimais que mon père fût mon père, j'aimais que Michel ne le fût pas » (p. 257).

57 Mathieu Lindon, *Ce qu'aimer veut dire*, *op. cit.*, p. 136.

58 *Ibid.*, p. 311.

59 Comme l'avance Myriam Watthee-Delmotte dans une perspective Maussienne : « par son éloge du défunt (don), le locuteur renforce sa filiation symbolique à son égard, ce qui lui apporte une valorisation personnelle (contre-don), car l'aura du défunt retombe sur celui qui, en tant que pair, parle de lui en soulignant leurs valeurs communes » (p. 48).

ne relèvent pas systématiquement des deuils sans noms, renouvelleraient le genre de *l'écriture du deuil en général* par un lien très fort au caractère public, non des *disparus eux-mêmes* cette fois, mais des *événements* ayant entraîné le deuil : ce sont les deuils qui prennent leur source dans une catastrophe partagée et/ou partageable. Non pas des œuvres reflétant les deuils d'autrui comme Emmanuel Carrère dans *D'autres vies que la mienne* mais des deuils directement vécus par les auteurs en raison de ces événements : au cours des dernières années, ce sont, de façon emblématique, les attentats[60] qui entraînèrent d'ailleurs un « deuil national[61] ».

Le corpus pourrait s'agréger autour des textes liés aux attentats parisiens de 2015, Bataclan et Charlie Hebdo principalement : parmi les nombreux témoignages, plusieurs textes de deuil sur les compagnons et compagnes (Aurélie Silvestre, *Nos 14 novembre*[62] ; Antoine Leiris, *Vous n'aurez pas ma haine*[63] ou Chloé Verlhac, *Si tu meurs, je te tue*[64]) mais aussi des textes sur les deuils sans noms : qu'ils le soient explicitement comme les récits sur la mort d'enfant (*L'Indicible de A à Z* de Georges Salines[65] qui emprunte la forme de l'abécédaire pour égrener la douleur et le chagrin) ou plus implicitement sur celle des amis de toujours même s'ils ne semblent pas être au cœur du texte (Philippe Lançon, *Le Lambeau*[66]).

60 Dans *Le Deuil à vivre* (Paris, Odile Jacob, 2000) Frédérique Bacqué insistait déjà sur l'émergence des deuils liés aux « nouvelles formes de danger » dans un chapitre consacré aux « prises d'otages, terrorisme et catastrophes » (p. 258-266).

61 Décrété par le Président de la République, le deuil national marque l'hommage de la Nation aux personnes décédées dans des circonstances marquantes. Sous la Ve République, il a été décrété huit fois et notamment le 8 janvier 2015 (après l'attentat contre *Charlie Hebdo* du 7 janvier), les 15, 16 et 17 novembre 2015 (après les attentats du 13 novembre en Île-de-France) et les 16, 17 et 18 juillet 2016 (après l'attentat du 14 juillet 2016 à Nice).

62 Aurélie Silvestre, *Nos 14 novembre*, Paris, Jean-Claude Lattès, 2016.

63 Antoine Leiris, *Vous n'aurez pas ma haine*, Paris, Fayard, 2016.

64 Chloé Verlhac, *Si tu meurs, je te tue*, Paris, Plon, 2020.

65 Georges Salines, *L'Indicible de A à Z*, Paris, Le Seuil, 2016.

66 Philippe Lançon, *Le Lambeau*, Paris, Gallimard, 2018.

… DES RETOURS / LES FANTÔMES

Mais revenons à notre corpus de départ, articulé autour de défunts relevant d'une sphère intime, réduite à elle-même sans aucun caractère public (aussi bien en ce qui concerne les circonstances de la disparition que la référentialité) : si les auteurs pouvaient parfois être connus, cela n'était jamais le cas pour le défunt, la plongée endeuillée se faisant alors dans un univers intime complètement inconnu du lecteur. De ces figures, certaines font retour et nous voudrions revenir sur cette dimension.

Cette question du retour est en effet stimulante car elle entre en résonance avec la problématique du deuil en général, et des « deuils sans noms » en particulier : le travail du deuil devrait prévenir le phénomène du retour. Mais nous avons vu que les « deuils sans noms » (pas de côté par rapport aux liens référencés) se défiaient de la purgation liée au deuil (pas de côté par rapport à une supposée fonction réparatrice du travail du deuil).

Chez certains, les figures à l'origine du deuil font ainsi retour dans l'œuvre, ponctuellement, comme – nous l'avons vu – chez Bernard Chambaz qui écrit de nouveau sur son fils Martin vingt ans après son premier livre de deuil[67], parce que « le deuil ne passe pas[68] » ou, de façon plus massive, comme chez Philippe Forest, puisque textes littéraires et critiques ne cessent, frontalement ou plus discrètement (nous l'avions souligné en conclusion de la partie consacrée à la réflexivité) de convoquer sa fille Pauline[69], l'œuvre étant, comme l'écrit Maïté Snauwaert, « toujours spectralisée par l'absence de l'enfant[70] ». De façon plus cryptique, d'autres auteurs du corpus, comme Camille Laurens ou Annie Ernaux, jouent *de* et *avec* ce retour.

Dans une analyse consacrée à Camille Laurens, Barbara Havercroft démontre ainsi que « Philippe » « (le texte et le fils) hante les pages,

67 Voir ici le chapitre « Penser l'écriture du deuil ».

68 Bernard Chambaz, *Dernières nouvelles du martin-pêcheur*, Paris, Flammarion, 2014, p. 26.

69 À ce sujet, voir Anne-Lise Blanc, « Impressions partagées sur le linceul commun du deuil dans trois récits de Philippe Forest », *Fantômes d'écrivains*, Anne Chamayou et Nathalie Solomon (dir.), Perpignan, Presses universitaires de Perpignan, 2011, p. 237-251.

70 Maïté Snauwaert, « Une poétique du pathétique » *Philippe Forest une vie à écrire*, Aurélie Foglia, Catherine Mayaux, Anne-Gaëlle Saliot et Laurent Zimmermann (dir.), *op. cit.*, p. 25.

tel un spectre insistant qui refuse obstinément de s'évaporer[71] ». Jutta Fortin, qui met également en valeur le « retour de l'enfant mort[72] » sans néanmoins « refaire de sa disparition le sujet principal de l'écriture », retrace ainsi la chronologie des œuvres dans lesquelles Philippe revient de façon directe ou indirecte. La plus marquante est certainement l'œuvre *Cet absent-là*, soutenue et traversée par la présence-absence de Philippe, tant photographique que narrative. À plusieurs reprises, Camille Laurens revient en effet sur les photographies de Philippe et interroge l'image, précipitant de façon vertigineuse la vie et la mort :

> les photos que j'ai de Philippe sont des Polaroïds. Sur deux d'entre eux, il est relié par des fils et des électrodes, sur les deux autres il n'est relié à rien. Il y a donc dans cette figuration du temps un instant *t* où il meurt. Je ne peux me le représenter que sous l'espèce matérielle du Polaroïd lui-même : au moment où l'image apparaît lentement sur le papier, la vie s'en va de lui à mesure, elle le quitte[73].

Philippe fait ainsi retour dans une œuvre où il devient un « référent intertextuel significatif[74] », une trace d'un deuil non accompli qui dynamise l'ensemble de l'œuvre.

De façon inversée chez Annie Ernaux (en amont de l'œuvre de deuil qui la cristallise et non en aval), la sœur est déjà présente dans d'autres textes[75], de façon discrète. Dans *La Place* il est ainsi question de « la petite fille [...] rentrée de classe un jour avec mal à la gorge[76] » et dont on apprend en l'espace de quelques lignes qu'elle meurt de la

71 Barbara Havercroft, « Cette mort-là : l'écriture du deuil chez Camille Laurens », *Le Roman français de l'extrême contemporain. Écritures, engagements, énonciations*, Barbara Havercroft, Pascal Michelucci et Pascal Riendeau (dir.), Québec, éditions Nota bene, collection « Contemporanéités », 2010, p. 333.

72 Jutta Fortin, *Camille Laurens, le kaléidoscope d'une écriture hantée*, Villeneuve-d'Ascq, Presses universitaires du Septentrion, 2017, p. 63-68.

73 Camille Laurens, *Cet absent-là* [Paris, Léo Scheer, 2004], Paris, Gallimard, collection « Folio », 2006, p. 92.

74 Barbara Havercroft, « Cette mort-là : l'écriture du deuil chez Camille Laurens », *op. cit.*, p. 311.

75 À ce sujet, on pourra lire avec intérêt les analyses de Barbara Havercroft dans « Le tombeau de la sœur : récit et réconciliation dans *L'Autre fille* », in *Annie Ernaux : le Temps et la Mémoire*, Francine Best, Bruno Blanckeman et Francine Dugast-Portes (dir.), Paris, Stock, 2014, p. 334-447 ; ainsi que Michèle Bacholle-Bošković, *De la perte au corps glorieux*, Rennes, Presses universitaires de Rennes, 2011, p. 33 *sq.*

76 Annie Ernaux, *La Place*, Paris, Gallimard, 1984, p. 46.

diphtérie. Cette petite fille refait une apparition dans *Une femme*, le livre consacré à la mère, à l'occasion de la description d'une photo. Même procédé photographique dans *Les Années* avec davantage de précision concernant l'identité de la disparue : « La photo floue et abîmée d'une petite fille debout devant une barrière, sur un pont [...] Au dos, il y a écrit *Ginette 1937*[77] ».

Certaines de ces photos, qui cristallisent l'existence de la sœur, seront données à voir très concrètement dans une double page du photojournal – *Écrire la vie* – explicitement consacré à la sœur disparue avant sa naissance[78]. Paru quelques mois après *L'Autre fille*, on pourrait penser que c'est l'écriture de ce texte endeuillé qui a libéré la possibilité de donner à voir cette photographie réelle. On notera qu'elle est accompagnée d'un passage de journal inédit (daté du 14 avril 1990) qui non seulement résonne avec les textes susmentionnés, mais témoigne du poids de cette révélation dans la vie de l'auteure :

> Je sais – depuis quelques années – que ma sœur est morte le 14 avril 1938. Toujours autant de colère, de révolte, devant l'attitude, le *récit* de ma mère tel que je l'ai entendu, à 9 ou 10 ans : « une petite sainte » qui en mourant a dit « je vais retrouver la Sainte Vierge et le Bon Jésus[79] ».

Expression emblématique de la mère qui sanctifie la sœur disparue, la tournure une « petite sainte » se retrouve dans *La Place* (« Ma mère racontait en s'essuyant les yeux avec un chiffon sorti de sa blouse, "elle est morte à sept ans, comme une petite sainte"[80]), dans *Une femme* (« La douleur qui se recouvre, simplement le silence de la neurasthénie, les prières et la croyance d'une "petite sainte au ciel"[81] ») et, bien sûr dans *L'Autre fille* (« Elle dit : *elle est morte comme une petite sainte*[82] ») où l'expression est même directement reprise à son compte par l'énonciatrice, dans une perspective d'ordre cathartique et interrogative : « toi la bonne fille, la petite sainte[83] ».

La sœur disparue, dont l'apparition progressive éclate, textuellement et visuellement, dans la fin des années 2000, se fait donc pôle d'aimantation

77 Annie Ernaux, *Les Années*, Paris, Gallimard, 2008, p. 41-42.
78 Annie Ernaux, *Écrire la vie*, Paris, Gallimard, collection « Quarto », 2011, p. 16-17.
79 Annie Ernaux, *L'Autre fille*, *op. cit.*, p. 17.
80 Annie Ernaux, *La Place*, *op. cit.*, p. 33.
81 Annie Ernaux, *Une femme*, *op. cit.*, p. 43.
82 Annie Ernaux, *L'Autre fille*, *op. cit.*, p. 14.
83 *Ibid.*, p. 34.

narratif, support d'expressions qu'on retrouve disséminées dans l'œuvre, mais aussi et surtout fantôme d'une œuvre qu'elle hante tout comme elle hante sa mère : malade d'Alzheimer, et alors qu'elle a toujours déclaré n'avoir qu'une seule fille, la mère d'Annie Ernaux dit au médecin venu la soigner qu'elle en a deux, ou encore la mentionne de façon voilée en esquissant quelques reproches à l'égard de sa fille vivante (« ce jour-là, en parlant de moi, “elle est bien moins gentille que l'autre” (ma sœur)[84] »). C'est d'ailleurs cette parole encryptée qui réapparaît dans *L'Autre fille* (« À la fin, elle dit de toi elle était plus gentille que celle-là »)[85].

Rien d'étonnant, étant donné le poids de ce secret, qu'Annie Ernaux ait écrit *L'Autre fille* dans « une grande tension[86] ». Nicolas Abraham et Maria Török insistent sur les répercussions de ce type de secret : « Un dire enterré d'un parent devient chez l'enfant un mort sans sépulture. Ce fantôme inconnu revient alors depuis l'inconscient et exerce sa hantise […][87] ». Cette obsession est mise en avant dans *Le Vrai Lieu*, où Annie Ernaux réitère le poids de cette révélation : « Elle a terminé le récit du décès de cette enfant, ma sœur, par des choses qui ne pouvaient que me marquer très fortement[88] ». Au point donc, de devenir moteur d'écriture comme le signale Annie Ernaux (« Tu es morte pour que j'écrive »). Jamais le lien entre disparition et écriture n'aura été fait avec plus de force que dans cette œuvre consacrée à la sœur, œuvre dont l'importance est vraisemblablement inverse à la brièveté.

… LE MONDE ET SES TRACES

Si les figures reviennent, c'est une preuve supplémentaire du fait que la littérature des deuils sans noms n'est pas une littérature thérapeutique.

84 Annie Ernaux, *« Je ne suis pas sortie de ma nuit »* [Paris, Gallimard, 1997], Paris, Gallimard, collection « Folio », 1999, p. 81.

85 Annie Ernaux, *L'Autre fille*, *op. cit.*, 16.

86 Déclaration d'Annie Ernaux au cours du colloque de Cerisy en 2012 (*Annie Ernaux : le Temps et la Mémoire*, *op. cit.*, p. 331).

87 Nicolas Abraham et Maria Török, *L'Écorce et le noyau* [1978], Paris, Flammarion, 2009, p. 297.

88 Annie Ernaux, *Le Vrai lieu*, Paris, Gallimard, 2014, p. 341.

Parcourue par le deuil – un deuil éprouvé tout autant qu'éprouvant, qui l'agite et la travaille – elle n'en signe pas l'exténuation : les « deuils *sans noms* » sont aussi, à leur manière, des deuils *sans fin*. Autrement dit, il n'y a pas réellement de valeur performative[89] dans ces œuvres, écrire n'est pas *accomplir*.

Écrire, dans les œuvres du corpus, est bien davantage de l'ordre de la mise en perspective[90] que du détachement, de l'immersion que de l'éloignement. Les « deuils sans noms » font ainsi paradoxalement le deuil du deuil[91] : si, comme l'écrit Daniel Widlöcher, le « travail de deuil consiste non dans l'oubli mais dans la transformation d'une mémoire du présent en une mémoire du passé, de l'agir au narratif[92] », force est de constater que ce processus est toujours en cours dans les « deuils sans noms ». La mémoire y dépasse en effet les oppositions entre présent et passé pour se projeter dans un hors temps textuel qui transcende les catégories arrêtées.

Mettre hors temps, c'est ainsi sauver, fonction qui est au cœur des « deuils sans noms » : *se* sauver et sauver le défunt, ce qui ne vaut pas pour autant deuil accompli ou achevé. Peut-être cette dynamique est-elle d'autant plus forte encore dans les œuvres du corpus que la perte y est injuste (enfants) et/ou mal reconnue (amis, frères et sœurs). Il s'agirait ainsi non seulement de redéfinir et explorer une relation dans le temps de sa disparition mais aussi et surtout d'en garder une impression partageable, dans les deux sens du terme : évocation des sentiments passés et présents, constitution d'une trace psychique et physique. Car à l'horizon de ces « deuils sans noms » se profile quelque chose de l'ordre de l'archive, ce qui n'est guère surprenant dans une époque obsédée par la question de la trace : les auteurs se font effectivement archivistes, à condition de concéder à l'archive sa force vive d'ouverture et de mouvement, non pas

89 Voir Barbara Havercroft, « Cette mort-là : l'écriture du deuil chez Camille Laurens », *op. cit.*, p. 38.

90 C'est singulièrement le cas chez Hélène Cixous qui présente son rapport au fils disparu sous le signe de la dénégation (« JE NE PENSE JAMAIS À MON FILS LE MORT [...] Je ne pense jamais à mon fils le mort et cela n'est pas une exagération car même lorsqu'il passe par ma pensée ce n'est pas moi qui pense à lui, c'est lui qui se coule avec sa modestie congénitale dans un angle éloigné de la pièce où il finit par se dissiper sans que je sois venue vers lui », p. 45).

91 Dans *À ce qui n'en finit pas* (Paris, Le Seuil, collection « La librairie du XXe siècle », 1995), Michel Deguy utilise, dans une autre perspective, cette expression.

92 Daniel Widlöcher, « Préface » in Martine Lussier, *Le Travail de deuil*, *op. cit.*, p. 2.

sa fixation ; des archives donc, comme l'écrit Nathalie Piégay-Gros, qui sont « promesses : d'un retour du passé dans le présent, d'une rencontre avec une voix, un corps, des détails, des fragments de vie […][93] ». Des archives littéraires trace de soi et d'autrui en particulier, du monde en général, que l'on pourra convoquer encore et encore : c'est le mantra ernausien que l'on retrouve dans les *Années*, soulignant la tension entre permanence et impermanence (« Sauver quelque chose du temps où l'on ne sera plus »). Les « deuils sans noms » se donnent ainsi comme une trace (de soi, de l'autre, du temps de la relation révolue) et comme un miroir (des affects, de la quête menée et de la société dans laquelle prend place l'événement) au reflet duquel la perte se pense et se deploie.

Les « deuils sans noms » sont fondamentalement à l'image du monde contemporain : ils renouvellent les cadres attendus, interrogent les relations et redéfinissent les codes stéréotypés. Mettant en avant ce qu'on ne voudrait pas forcément voir – les attentats du réel contre nos pulsions d'éternité – ils décillent nos yeux de lecteurs et nous font plonger dans une spirale vertigineuse qui nous renvoie à notre intimité profonde : qui de nous n'a connu une de ces pertes sans nom ? Les « deuils sans noms » sont une immersion dans un intime exposé mais pas exhibé, une ouverture sur une singularité partageable, une proposition de cheminement commun dans les traverses du deuil, là où, loin de se taire, les voix résonnent : murmures des disparus, chuchotements des vivants, récits et chants offerts à tous ceux qui veulent bien entendre, écouter et accueillir ces petits fragments d'âmes et de corps endeuillés.

93 Nathalie Piégay-Gros, « Récits d'archives », *Écrire l'histoire*, 13-14 | 2014, p. 79.

BIBLIOGRAPHIE

BIBLIOGRAPHIE LITTÉRAIRE

CORPUS PREMIER : CORPUS DE RÉFÉRENCE DES « DEUILS SANS NOMS »

ADLER Laure, *À ce soir*, Paris, Gallimard, 2001.

BERGÉ Pierre, *Lettres à Yves*, Paris, Gallimard, 2010 (réédition collection « Folio », 2011).

BESSON Philippe, *Son frère*, Paris, Julliard, 2001.

BOBIN Christian, *La Plus que vive*, Paris, Gallimard, 1996 (réédition collection « Folio », 1998).

BODINAT Bérengère (de), *Les Anges ne meurent jamais*, Paris, Flammarion, 2015 (réédition J'ai lu, 2016).

BON François, *L'Enterrement*, Lagrasse, éditions Verdier, 1992.

CECCATTY René (de), *L'Accompagnement*, Paris, Gallimard, 1994 (réédition collection « Folio », 1996).

CHAMBAZ Bernard, *Martin cet été*, Paris, Julliard, 1994.

CHAMBAZ Bernard, *Dernières nouvelles du martin-pêcheur*, Paris, Flammarion, 2014.

CHESNAIS Patrick, *Il est où, Ferdinand ?*, Paris, édition Michel Lafon, 2008 (réédition J'ai lu, 2010).

CIXOUS Hélène, *Le Jour où je n'étais pas là*, Paris, Galilée, 2000.

CLERMONT Marie-Axelle et Benoit, *Gaspard, entre ciel et terre*, Paris, éditions du Cerf, 2018.

CONSIGNY Thierry, *La Mort de Lara*, Paris, Flammarion, 2006.

CUSSET Catherine, *L'Autre qu'on adorait*, Paris, Gallimard, 2016.

D'ESTIENNE D'ORVES Nicolas, *Je pars à l'entracte*, Paris, Nil, collection « Les Affranchis », 2011.

DARRIEUSSECQ Marie, *Tom est mort*, Paris, P.O.L, 2007.

DAULL Sophie, *Camille, mon envolée*, Paris, Philippe Rey, 2015 (réédition Le Livre de Poche, 2016).

DELAROCHE Philippe, *La Gloire d'Inès*, Paris, Stock, 2016.
DEPUSSÉ Marie, *La Nuit tombe quand elle veut*, Paris, P.O.L, 2011.
DERHY Max, *Les Fils ne doivent pas mourir*, Paris, Albin Michel, 2017.
DES FORÊTS Louis-René, *Ostinato*, Paris, Mercure de France, 1997 (réédition Gallimard, collection « L'Imaginaire », 2010).
DODEMANT Anne, *Même la nuit quand je dors*, Paris, Albin Michel, 2013.
DRILLON Jacques, *Face à Face*, Paris, Gallimard, collection « L'un et l'autre », 2003.
ERNAUX Annie, *L'Autre Fille*, Paris, Nil, collection « Les Affranchis », 2011.
FERRIER Michaël, *François, portrait d'un absent*, Paris, Gallimard, collection « L'infini », 2018.
FIALAIX Laurent, *Nos bonheurs fragiles*, Paris, Melville, Léo Scheer, 2009.
FONCLARE Guillaume (de), *Dans tes pas*, Paris, Stock, 2013.
FOREST Philippe, *L'Enfant éternel*, Paris, Gallimard, 1997 (réédition collection « Folio », 1998).
FOREST Philippe, *Toute la nuit*, Paris, Gallimard, 1999 (réédition collection « Folio », 2012).
FOREST Philippe, *Tous les enfants sauf un*, Paris, Gallimard, 2007.
GARCIN Jérôme, *Olivier*, Paris, Gallimard, 2011.
GODARD Anne, *L'Inconsolable*, Paris, Minuit, 2006.
GUEDJ Colette, *Le Baiser papillon*, Paris, Jean-Claude Lattès, 1999.
GUILLEBAUD Catherine, *Dernière caresse*, Paris, Gallimard, 2009 (réédition collection « Folio », 2011).
JOURDE Pierre, *Winter is coming*, Paris, Gallimard, 2017.
JULLIAND Anne-Dauphine, *Deux petits pas sur le sable mouillé*, Paris, éditions des Arènes, 2011 (réédition J'ai lu, 2017).
JURGENSEN Geneviève, *La Disparition*, Paris, Calmann-Levy, 1994 (réédition Le Livre de Poche, 1995).
LACLAVETINE Jean-Marie, *Une Amie de la famille*, Paris, Gallimard, 2019.
LAMBERTERIE Olivia (de), *Avec toutes mes sympathies*, Paris, Stock, 2018.
LAURENS Camille, *Philippe*, Paris, P.O.L, 1995.
LAURENS Camille, *Cet absent-là*, Paris, Léo Scheer 2004 (réédition, Gallimard, collection « Folio », 2006).
LE CLAUZE Fabienne, *À Juliette*, Paris, Flammarion, 2018.
LE GUILLOU Philippe, *Fleurs de tempête*, Paris, Gallimard, 2008.
LÊ Linda, *À l'enfant que je n'aurai pas*, Paris, Nil, collection « Les Affranchis », 2011.
LE MAIRE Bruno, *Paul, une amitié*, Paris, Gallimard, 2019.
LELAIT David, *Poussière d'homme*, Paris, éditions Anne Carrière, 2006.
LEVÉ Édouard, *Suicide*, Paris, P.O.L, 2008 (réédition Gallimard, collection « Folio », 2009).

Moulins Xavier (de), *Le Petit chat est mort*, Paris, Flammarion, 2020.
Pennac Daniel, *Mon frère*, Paris, Gallimard, 2018.
Poivre d'Arvor Patrick, *Elle n'était pas d'ici*, Paris, Albin Michel, 1995.
Poivre d'Arvor Véronique, *À Solenn*, Paris, Albin Michel, 2005.
Pontalis Jean-Bertrand, *Frère du précédent*, Paris, Gallimard, 2006.
Pourquery Didier, *L'Été d'Agathe*, Paris, Grasset, 2016.
Rémond Marie-France, *Son dernier sourire*, Paris, Zulma, 2001.
Revol Anne-Marie, *Nos étoiles ont filé*, Paris, Stock, 2010.
Rostain Michel, *Le Fils*, Paris, Oh ! éditions, 2011 (réédition Pocket, 2012).
Schneider Vanessa, *Tu t'appelais Maria Schneider*, Paris, Grasset, 2018.
Schulman Aline, *Paloma*, Paris, Le Seuil, 2001.
Tanay Corinne, *La Réparation volontaire*, Paris, Grasset, 2019.
Tanay Corinne, *Lettre à Émilie*, Paris, Grasset, 1998.
Trintignant Nadine, *Ma fille, Marie*, Paris, Fayard, 2003 (réédition Le livre de Poche, 2004).
Villeneuve Angélique, *Nuit de septembre*, Paris, Grasset, 2016.

CORPUS DEUXIÈME : CORPUS ÉLARGI DES « DEUILS SANS NOMS »

Compagnon Antoine, *L'Âge des lettres*, Paris, Gallimard, 2015.
Fellous Colette, *La Préparation de la vie*, Paris, Gallimard, 2014.
Lançon Philippe, *Le Lambeau*, Paris, Gallimard, 2018.
Leiris Antoine, *Vous n'aurez pas ma haine*, Paris, Fayard, 2016.
Lindon Mathieu, *Ce qu'aimer veut dire*, Paris, P.O.L, 2001 (réédition collection « Folio », 2012).
Salines Georges, *L'Indicible de A à Z*, Paris, Le Seuil, 2016.
Silvestre Aurélie, *Nos 14 novembre*, Paris, Jean-Claude Lattès, 2016.
Sollers Philippe, *L'Amitié de Roland Barthes*, Paris, Le Seuil, « Fiction & Cie », 2015.
Thomas Chantal, *Pour Roland Barthes*, Paris, Le Seuil, 2015.
Toledo Camille (de), *Thésée, sa vie nouvelle*, Lagrasse, Verdier, 2020.
Verlhac Chloé, *Si tu meurs, je te tue*, Paris, Plon, 2020.

CORPUS TROISIÈME : CORPUS DES ÉCRITS DE DEUIL HORS « DEUILS SANS NOMS »

Aubry Gwenaëlle, *Personne*, Paris, Mercure de France, 2009.
Audeguy Stéphane, *Une mère*, Paris, Le Seuil, 2017.
Autain Clémentine, *Dites-lui que je l'aime*, Paris, Grasset, 2017.
Beauvoir Simone (de), *Une mort très douce*, Paris, Gallimard, 1964 (réédition collection « Folio », 1972).

BERGOUNIOUX Pierre, *L'Orphelin*, Paris, Gallimard, 1992.
BERGOUNIOUX Pierre, *La Toussaint*, Paris, Gallimard, 1994.
BERNHEIM Emmanuèle, *Tout s'est bien passé*, Paris, Gallimard, 2013.
BON François, *L'Enterrement*, Paris, Verdier, 1992
BON François, *Mécanique*, Lagrasse, Verdier, 2001.
BOULOUQUE, *Mort d'un silence*, Paris, Gallimard, 2003.
BOYER Frédéric, *Peut-être pas immortelle*, Paris, P.O.L, 2018.
BRISAC Geneviève, *Le Chagrin d'aimer*, Paris, Grasset, 2018.
BRISAC Geneviève, *Une année avec mon père*, Paris, éditions de l'Olivier, 2010.
CAUNES Blandine (de), *La Mère morte*, Paris, Stock, 2020.
CHÂTELET Noëlle, *La Dernière Leçon*, Paris, Le Seuil, 2004.
CHÂTELET Noëlle, *Suite à La Dernière Leçon*, Paris, Le Seuil, 2015.
CIXOUS Hélène, *Homère est morte*, Paris, Galilée, 2013.
COHEN Albert, *Le Livre de ma mère*, Paris, Gallimard, 1954.
DEGUY Michel, *À ce qui n'en finit pas*, Paris, Le Seuil, collection « La librairie du XXe siècle », 1995.
DOUBROVSKY Serge, *Le Livre brisé*, Paris, Grasset, 1989.
DUPEREY Anny, *Le Voile noir*, Paris, Le Seuil, 1982.
EMMANUEL François, *Portement de ma mère*, Paris, Stock, 2001.
ERNAUX Annie, *La Place*, Paris, Gallimard, 1984.
ERNAUX Annie, *Une femme*, Paris, Gallimard, 1987.
ERNAUX Annie, *« Je ne suis pas sortie de ma nuit »*, Paris, Gallimard, 1997 (réédition collection « Folio », 1999).
ESPITALLIER Jean-Michel, *La Première Année*, Paris, éditions Inculte, 2018.
FLEM Lydia, *Comment j'ai vidé la maison de mes parents*, Paris, Le Seuil, 2004.
FOTTORINO Éric, *L'Homme qui m'aimait tout bas*, Paris, Gallimard, 2009.
FOURIER Claire, *C'est de fatigue que se ferment les yeux des femmes*, Paris, Bartillat, 2002.
FOURNIER Jean-Louis, *Veuf*, Paris, Stock, 2011.
GIRAUD Brigitte, *À présent*, Paris, Stock, 2001.
GORZ André, *Lettre à D., histoire d'un amour*, Paris, Galilée, 2006.
GOSCINNY Anne, *Le Bruit des clés*, Paris, Nil, collection « Les Affranchis », 2012.
HUGO Victor, *Les Contemplations*, 1856.
JAUFFRET Régis, *Lacrimosa*, Paris, Gallimard, 2008.
JULIET Charles, *Lambeaux*, Paris, P.O.L, 1995.
LABRO Philippe, *Ma mère, cette inconnue*, Paris, Gallimard, 2017.
MALLARMÉ Stéphane, *Pour un tombeau d'Anatole* [1879], Paris, Le Seuil, 1961.
MONTAIGNE, *Sur la mort d'un ami*, texte présenté par France Quéré, Paris, Desclée de Brouwer, « Les Carnets DDB », 1995.
NIMIER Marie, *La Reine du silence*, Paris, Gallimard, 2004.
PACHET Pierre, *Adieu*, Paris, Circé, 2001.

PACHET Yaëlle, *Le Peuple de mon père*, Paris, Fayard, 2019.
PAULY Anne, *Avant que j'oublie*, Lagrasse, Verdier, 2019.
PERRIER Jean-Claude, *Passage de la mère morte*, Paris, Stock, 2008.
PERRIGNON Pauline, *Demain sera tendre*, Paris, Stock, 2017.
POIRON Caroline, *Je suis Jeanne*, Paris, Équateurs, 2018.
RACINE Bruno, *La Voix de ma mère*, Paris, Gallimard, 2016.
RHEIMS Nathalie, *Claude*, Paris, Léo Scheer, 2009.
ROLIN Jean, *Savannah*, Paris, P.O.L, 2015.
ROUAUD Jean, *Des Hommes Illustres*, Paris, Minuit, 1992.
ROUAUD Jean, *Les Champs d'honneur*, Paris, Minuit, 1990.
ROUAUD Jean, *Sur la scène comme au ciel*, Paris, Minuit, 1999.
ROUBAUD Jacques, *Quelque chose noir*, Paris, Gallimard, Poésie, 1986.
SCHMITT Éric-Emmanuel, *Journal d'un amour perdu*, Paris, Albin Michel, 2019.
SIMON Yves, *Un homme ordinaire*, Paris, Nil, collection « Les Affranchis », 2011.
TOUBIANA Serge, *Les Bouées jaunes*, Paris, Stock, 2018.

AUTRES ŒUVRES CITÉES

ARAGON Louis, *La Diane française* (1944), Paris, Seghers, collection « Poésie d'abord », 2012.
BEAUVOIR Simone (de), *Mémoires d'une jeune fille rangée*, Paris, Gallimard, 1958.
BEAUVOIR Simone (de), *Cahiers de jeunesse, 1926-1930*, Sylvie Le Bon de Beauvoir (éd.), Paris, Gallimard, 2008.
CARRÈRE Emmanuel, *D'autres vies que la mienne*, Paris, P.O.L., 2009.
DARRIEUSSECQ Marie, *Rapport de police*, Paris, P.O.L, 2010 (réédition Gallimard, collection « Folio », 2011).
DEGUY Michel, *À ce qui n'en finit pas*, Paris, Le Seuil, collection « La librairie du XXe siècle », 1995.
DURAS Marguerite, *L'Été 80*, Paris, Minuit, 1980.
DURAS Marguerite, *Écrire*, Paris, Gallimard, 1993.
ERNAUX Annie, *Les Années*, Paris, Gallimard, 2008.
ERNAUX Annie, *Écrire la vie*, Paris, Gallimard, collection « Quarto », 2011.
ERNAUX Annie, *Le Vrai lieu*, Paris, Gallimard, 2014.
FRANCE Marie (de), *Lais*, traduits, présentés et annotés par Laurence Harf-Lancner, Paris, Lettres Gothiques, 1990.
GUIBERT Hervé, *À l'ami qui ne m'a pas sauvé la vie*, Paris, Gallimard, 1990.
LOUIS Édouard, *En finir avec Eddy Bellegueule*, Paris, Le Seuil, 2014.
MALHERBE François (de), *Poésies*, Antoine Adam (éd.), Paris, Gallimard, collection « Poésie », 1971.
MELVILLE Herman, *Bartleby le scribe* [1853], traduction française Pierre Leyris, Paris, Gallimard, collection « Folio », 1996.

MODIANO Patrick, *Remise de peine*, Paris, Le Seuil, 1988.
MODIANO Patrick, *Un Pedigree*, Paris, Gallimard, 2005.
MONTAIGNE Michel (de), *Essais* [1580], Pierre Michel (éd.), Paris, Gallimard, collection « Folio-Classique », 1973.
PROUST Marcel, *Le Côté de Guermantes*, Paris, Gallimard, 1920 (réédition collection « Folio », 1998).
QUIGNARD Pascal, *Sur le jadis*, Paris, Grasset, 2002.
QUIGNARD Pascal, *La Barque silencieuse*, Paris, Le Seuil, 2009.
SÉNÈQUE, *Consolations*, Paris, Rivage, collection « Poche petite bibliothèque », 1992.
YOURCENAR Marguerite, « Tombeau de Valentine », *Sources II*, texte établi et annoté par Élyane Dezon-Jones, présenté par Michèle Sarde, Gallimard, collection « Les Cahiers de la NRF », 1999.

LITTÉRATURE DE JEUNESSE

BARRIE James, *Peter Pan ; or, the Boy Who Wouldn't Grow Up* or *Peter and Wendy*, 1904, 1911.
DAUDET Alphonse, *Lettres de mon moulin* [1879], Paris, LGF, Le Livre de poche classique, 1994.
FRANÇOIS Paul, BUTEL Lucile, *La Grande panthère noire*, Paris, Flammarion, 1968.

CHANSONS

Anonyme, « À la claire fontaine ».
Anonyme, « Aux Marches du Palais ».
AZNAVOUR Charles, « L'Aiguille », 1987.
BARBARA, « L'Aigle noir », 1970.
CLAPTON Eric, « Tears in heaven », 1992.
FERRÉ Léo, « Avec le temps », 1971.
POMPADOUR Madame (de), « Nous n'irons plus au bois », 1753.
ZAZIE, « Ça », 2007.

BIBLIOGRAPHIE THÉORIQUE ET CRITIQUE EN LITTÉRATURE

BIBLIOGRAPHIE CRITIQUE SUR AUTEURS (ARTICLES, CHAPITRES D'OUVRAGES ET OUVRAGES)

Articles et chapitres d'ouvrages

ABRIOUX Yves, « Pour une physique littéraire : *Ostinato* (1997) de Louis-René des Forêts », in *Savoir et littérature, volume 2, Annales littéraires de Franche-Comté*, Daniel Minary (éd.), Besançon, Presses universitaires franc-comtoises, 2001, p. 53-88.

BLANC Anne-Lise, « Impressions partagées sur le linceul commun du deuil dans trois récits de Philippe Forest », in *Fantômes d'écrivains*, Anne Chamayou et Nathalie Solomon (dir.), Perpignan, Presses universitaires de Perpignan, 2011, p. 237-251.

BLANCKEMAN Bruno, « En commencer avec Édouard Louis », *Nord'*, vol. 70, nº 2, 2017, p. 151-155.

BONNET Gilles, « Cet avalement ritualisé des morts ou comment peut-on être chamane ? Sur *L'Enterrement* de François Bon », *Recherches & Travaux*, 82 | 2013, p. 127-138.

BRUN Catherine, « Hélène Cixous, L'"avorton entêté" », *Transmissions et filiations, Revue des Sciences humaines*, nº 301, janv.-mars 2011, p. 155-165.

CECCATTY René (de), « Écrire au présent, écrire au passé. Réflexions sur la mémoire de l'écriture », in *Hélène Cixous. Corollaires d'une écriture*, Marta Segarra (éd.), Vincennes, Presses universitaires de Vincennes, 2019, p. 43-57.

CHASSAGNOL Monique, « De l'enfant mort à l'éternel enfant. L'histoire sans fin de J. M. Barrie », in *Stories For Children, Histories of Childhood. Volume II : Literature*, Rosie Findlay et Sébastien Salbayre (éd.), Tours, Presses universitaires François-Rabelais, 2007, p. 353-367.

CHAUDIER Stéphane, « *L'Autre qu'on adorait* de Catherine Cusset : un roman soluble dans une chanson ? », in *Ferré… vos papiers !*, Joël July et Pascal Pistone (éd.), Aix-en-Provence, Presses universitaires de Provence, 2018, collection « Chants Sons », p. 227-244.

COSTE Claude, « *Roland Barthes par Roland Barthes* ou Le démon de la totalité », *Recherches & Travaux*, 75 | 2009, p. 35-54.

DECOUT Maxime, « Lettres et l'être du deuil chez Hélène Cixous », *Post-scriptum.org*, « Deuils sans fin dans la littérature contemporaine », 2011,

URL : http://post-scriptum.org/14-06-lettres-et-letre-du-deuil-chez-helene-cixous/ (consulté le 31 août 2020)

HAVERCROFT Barbara, « Cette mort-là : l'écriture du deuil chez Camille Laurens », in *Le Roman français de l'extrême contemporain. Écritures, engagements, énonciations*, Barbara Havercroft, Pascal Michelucci et Pascal Riendeau Pascal (dir.), Québec, éditions Nota bene, collection « Contemporanéités », 2010, p. 319-342.

HAVERCROFT Barbara, « Écriture et sépulture dans *L'Autre fille* d'Annie Ernaux », *French Forum*, vol. 41 n° 1, 2016, p. 5-15.

HAVERCROFT Barbara, « Les traces vivantes de la perte : la poétique du deuil chez Denise Desautels et Laure Adler », in *Narrations contemporaines au Québec et en France : regards croisés*, Robert Dion et Andrée Mercier (dir.), Montréal, *Voix et images*, 2010, vol 36, n° 1, p. 79-95.

LAURENS Camille, « Marie Darrieussecq ou Le syndrome du coucou », *La Revue Littéraire*, éditions Léo Scheer, n° 32, Automne 2007, p. 1-14.

LAURENS Camille, « Qui dit ça ? », in *Autofiction (s), Colloque de Cerisy*, Claude Burgelin, Isabelle Grell et Roger-Yves Roche (dir.), Lyon, Presses universitaires de Lyon, 2010, p. 25-34.

MONTFRANS Manet van, « François Bon et la mécanique de la langue », in *L'Écrivain et sa langue : romans d'amour de Marcel Proust à Richard Millet*, Sylviane Coyault (éd.), Clermont-Ferrand, Presses universitaires Blaise Pascal, 2005, p. 159-174.

PRINCE Nathalie, « "Les contes pour enfants ne grandissent pas, sauf un". La genèse du mythe de Peter Pan (James Matthew Barrie) selon Régis Loisel » in *Rester enfant, devenir adulte, la double contrainte des productions pour la jeunesse*, Isabelle Cani, Nelly Chabrol-Gagne et Catherine d'Humières (éd.), Clermont-Ferrand, Presses universitaires Blaise Pascal, 2007, p. 83-111.

PRINCE Nathalie, « *Peter Pan*, un conte à rebours », in *Peter Pan. Figure mythique*, Monique Chassagnol (éd.), Paris, Autrement, 2010, p. 83-111.

RABATÉ Dominique, « "Maintenant sans ressemblance" : le temps du deuil et du poème (Deguy, Éluard, Roubaud) », in *Deuil et littérature, Modernités 21*, Presses universitaires de Bordeaux, 2005, p. 319-332.

RABATÉ Jean-Michel, « Prolégomènes pour une lecture rapprochée de *Si près* », *Roman 20-50*, vol. 64, n° 2, 2017, p. 79-86.

STRASSER Anne, « Camille Laurens, Marie Darrieussecq : du "plagiat psychique" à la mise en questions de la démarche autobiographique », COnTEXTES [En ligne], 10 | 2012, mis en ligne le 09 avril 2012. URL : http://journals.openedition.org/contextes/5016 (consulté le 31 août 2020)

Ouvrages

BACHOLLE-BOŠKOVIĆ Michèle, *Annie Ernaux. De la perte au corps glorieux*, Rennes, Presses universitaires de Rennes, 2011.

BEST Francine, BLANCKEMAN Bruno, DUGAST-PORTES Francine (dir.), *Annie Ernaux : le Temps et la Mémoire*, Paris, Stock, Colloque de Cerisy, 2014.

BLANCKEMAN Bruno, *Lire Patrick Modiano*, Paris, Armand Colin, collection « Écrivains au présent », 2009.

BONNET Gilles, « Cet avalement ritualisé des morts ou comment peut-on être chamane ? Sur *L'Enterrement* de François Bon », *Recherches & Travaux*, 82 | 2013, p. 127-138.

FOGLIA Aurélie, MAYAUX Catherine, SALIOT Anne-Gaëlle, ZIMMERMANN Laurent (éd.), *Philippe Forest une vie à écrire*, Paris, Gallimard, Les Cahiers de la NRF, 2018.

FORT Pierre-Louis, *Ma mère, la morte, L'Écriture du deuil au féminin chez Yourcenar, Beauvoir et Ernaux*, Paris, Imago, 2006.

FORTIN Jutta, *Camille Laurens, le kaléidoscope d'une écriture hantée*, Villeneuve-d'Ascq, Presses universitaires du Septentrion, 2017.

GODARD Roger, *Itinéraires du roman contemporain*, Paris, Armand Colin, 2006.

RABATÉ Dominique, *Louis-René des Forêts, La Voix et le volume*, Paris, José Corti, 1991.

SAMOYAULT Tiphaine, *Roland Barthes*, Paris, Le Seuil, collection « Fiction & Cie », 2015.

SNAUWAERT Maïté, *Philippe Forest, la littérature à contre-temps*, Nantes, éditions Nouvelles Cécile Defaut, 2012.

BIBLIOGRAPHIE CRITIQUE SUR LA MORT ET LE DEUIL

Articles et chapitres d'ouvrages

BOUJU Emmanuel, « Romans et tombeaux : l'insoutenable indétermination du genre », in *L'Éclatement des genres*, Marc Dambre et Monique Gosselin-Noat (dir.), Paris, Presses de la Sorbonne Nouvelle, 2001, p. 219-330.

BRAUD Michel, « "Ces morts en moi". Le deuil de l'orphelin dans le journal intime », in *Écrire le deuil dans les littératures des XXe-XXe siècles*, Bernadette Hidalgo-Bachs et Catherine Milkovitch-Rioux (dir.), Clermont-Ferrand, Presses universitaires Blaise Pascal, collection « Littératures », 2014, p. 289-297.

CASTONGUAY BÉLANGER Joël, « L'édification d'un Tombeau poétique : du rituel au recueil », *Études françaises*, 38 (3), 55-6, 2002, p. 55-64.

FOREST Philippe, « Dix ans après : De *L'Enfant éternel* à *Tous les enfants sauf un*. Sept propositions pour une poétique du deuil », in *Écrire le deuil dans les littératures des XXe-XXe siècles*, Bernadette Hidalgo-Bachs et Catherine Milkovitch-Rioux (dir.), Clermont-Ferrand, Presses universitaires Blaise Pascal, collection « Littératures », 2014, p. 591-602.

GEFEN Alexandre, « Les injonctions paradoxales du récit de deuil », in *Philippe Forest une vie à écrire*, Aurélie Foglia, Catherine Mayaux, Anne-Gaëlle Saliot et Laurent Zimmermann (éd.), Paris, Gallimard, Les Cahiers de la NRF, 2018, p. 26-38.

LANINI Karine, « Discours funèbres », in *Le Dictionnaire du littéraire*, Paul Aron, Denis Saint-Jacques et Alain Viala (dir.), Paris, Presses Universitaires de France, collection « Quadrige », 2002, p. 190-193.

MONCOND'HUY Dominique, « Avant-Propos : Qu'est-ce qu'un tombeau poétique ? », La Licorne [En ligne], Les publications, Revue *La Licorne*, 1994, *Le tombeau poétique en France.*

RABATÉ Dominique, « Introduction », in *Deuil et littérature*, Pierre Glaudes et Dominique Rabaté (dir.), Bordeaux, Presses universitaires de Bordeaux, série « Modernités » (n° 21), 2005, p. 7-12.

SIMONET-TENANT Françoise, « L'invention de soi après une crise : le journal de deuil », in Sylvie Jouanny et Élisabeth Le Corre (éd.), *Les Intermittences du sujet : Écritures de soi et discontinu*, Rennes, Presses universitaires de Rennes, 2016, p. 91-100.

STRASSER Anne, « Le Deuil dans le roman et dans l'autobiographie : du ressassement à la réparation », *Revue Analyses* 7.1 (hiver 2012), p. 199-218.

Ouvrages

BACHOLLE-BOŠKOVIĆ Michèle, *Récits contemporains d'endeuillés après suicide : les cas Fottorino, Vigan, Grimbert, Rahmani, Charneux et Delaume*, Leyde, Brill/Rodopi, 2018.

BARTHES Roland, *Journal de deuil*, 26 octobre 1977 – 21 juin 1978, Paris, Le Seuil / Imec, collection « Fiction & Cie », 2009.

CARLAT Dominique, *Témoins de l'inactuel : quatre écrivains contemporains face au deuil*, Paris, José Corti, 2007.

DELVAUX Martine, *Histoires de fantômes*, Montréal, Presses de l'Université de Montréal, 2005.

FOREST Phillipe, *Le Roman infanticide : Dostoïevski, Faulkner et Camus*, Nantes, éditions Cécile Defaut, 2010.

FOREST Philippe et DELECROIX Vincent, *Deuil, entre le chagrin et le néant*, Paris, Philo éditions, 2015.

GLAUDES Pierre et RABATÉ Dominique (dir.), *Deuil et littérature, Modernités 21*, Pessac, Presses universitaires de Bordeaux, 2005.

HIDALGO-BACHS Bernadette et MILKOVITCH-RIOUX Catherine (dir.), *Écrire le deuil dans les littératures des XXe-XXIe*, Clermont-Ferrand, Presses universitaires Blaise Pascal, collection « Littératures », 2014.

PICARD Michel, *La Littérature et la mort*, Paris, Presses Universitaires de France, collection « Écriture », 1995.

WATHEE-DELMOTTE Myriam, *Dépasser la mort. L'agir de la littérature*, Arles, Actes Sud, 2019.

BIBLIOGRAPHIE CRITIQUE GÉNÉRALE

Articles et chapitres d'ouvrages

BARNABÉ Fanny, « Les polémiques autour de la littérature jeunesse, ou la quête sans cesse rejouée de la légitimité », *COnTEXTES* [Online], 10 | 2012, Online since 09 April 2012, connection on 26 February 2020.

BLANCKEMAN Bruno et LOUCIF Sabine, « Chanson/Fiction », in *Revue critique de fixxxion française contemporaine*, n° 5/2012. http://www.revue-critique-de-fixxion-francaise-contemporaine.org/rcffc/article/view/fx05.01/676 (consulté le 31 août 2020).

BLANCKEMAN Bruno, « Pour une histoire littéraire à *chaud* », *Revue d'histoire littéraire de la France*, vol. 113, n° 3, 2013, p. 559-568.

BLOCH Béatrice, « Vers une allo-autobiographie », in *Le Roman Français au tournant du XXIe siècle*, Bruno Blanckeman, Marc Dambre et Aline Mura-Brunel (dir.), Paris, Presses de la Sorbonne Nouvelle, collection « Fiction / Non Fiction », 2010, p. 55-61.

DEL LUNGO Andrea, « En commençant et en finissant. Formes d'une relation herméneutique », in *Le Début et la fin du récit. Une relation critique*, Andrea Del Lungo (éd.), Paris, Classiques Garnier, 2010, p. 7-24.

GENETTE Gérard, « Fiction ou diction », *Poétique*, vol. 134, n° 2, 2003, p. 131-139.

HAVERCROFT Barbara, MICHELUCCI Pascal et RIENDEAU Pascal, « Frontières du roman, limites du romanesque. Introduction », in *Le Roman français de l'extrême contemporain. Écritures, engagements, énonciations*, Barbara Havercroft, Pascal Michelucci et Pascal Riendeau (dir.), Québec, éditions Nota bene, collection « Contemporanéités », 2010, p. 7-22.

HEINICH Nathalie, « Les limites de la fiction », *L'Homme* [En ligne], 175-176 | juillet-septembre 2005, mis en ligne le 01 janvier 2007. URL : http://journals.openedition.org.rproxy.sc.univ-paris-diderot.fr/lhomme/29504.

MILCENT-LAWSON Sophie, « Un tournant animal dans la fiction française contemporaine ? », *Pratiques* [En ligne], 181-182 | 2019, mis en ligne le

30 juin 2019, consulté le 17 janvier 2020. URL : http://journals.openedition.org/pratiques/5835 ; DOI : 10.4000/pratiques.5835

MONTÉMONT Véronique, « Abécédaires de soi », in *Les Intermittences du sujet : Écritures de soi et discontinu*, Sylvie Jouanny Sylvie et Élisabeth Le Corre (dir.), Rennes, Presses universitaires de Rennes, 2016, p. 295-306.

PIÉGAY-GROS Nathalie, « Récits d'archives », *Écrire l'histoire*, 13-14 | 2014, p. 73-87.

SIMONET-TENANT Françoise, « Aperçu historique de l'écriture épistolaire : du social à l'intime », *Le Français aujourd'hui*, vol. 147, n° 4, 2004, p. 35-42.

VIART Dominique, « Le récit de filiation : "éthique de l'écriture" contre "devoir de mémoire" dans la littérature contemporaine », in *Héritage, filiation, transmission : Configurations littéraires (XVIIIe-XXIe)*, Christian Chelebourg, David Martens et Myriam Watthee (dir.), Louvain, Presses universitaires de Louvain, 2012.

Ouvrages

ARON Paul, SAINT-JACQUES Denis, VIALA Alain (dir.), *Le Dictionnaire du littéraire*, Paris, Presses Universitaires de France, collection « Quadrige », 2002.

BLANCHOT Maurice, *L'Espace littéraire*, Paris, Gallimard, 1955.

BOYER-WEINMANN Martine, *Vieillir, dit-elle : une anthropologie littéraire de l'âge*, Seyssel, Champ Vallon, 2014.

CHARTIER Daniel, *L'Émergence des classiques*, Montréal, Fides, 2000.

COHN Dorrit, *Le Propre de la fiction* [1999], traduction française Claude Hary-Schaeffer, Paris, Seuil, collection « Poétique », 2001.

CONNAN-PINTADO Christiane, BÉHOTÉGUY Gilles, *Littérature de jeunesse au présent : genres littéraires en question(s)*, Bordeaux, Presses universitaires de Bordeaux, 2015.

COUDREUSE Anne, *Le Refus du pathos au XVIIIe siècle*, Paris, Honoré Champion, 2001.

DAVID-MÉNARD Monique, *Tout le plaisir est pour moi*, Paris, Hachette Littératures, 2000.

DE JONG Martin J. G., *Le Présent du passé : Essais de littérature comparée*, Namur, Presses universitaires de Namur, 1994.

GEFEN Alexandre, *Réparer le monde. La littérature française face au XXIe siècle*, Paris, José Corti, collection « Les Essais », 2017.

GENETTE Gérard, *Fiction et diction*, Paris, Le Seuil, 1991.

LECARME Jacques et LECARME-TABONE Éliane, *L'Autobiographie*, Paris, Armand Colin, collection U [1997], 1999.

LEJEUNE Philippe, *Le Pacte autobiographique*, Paris, Le Seuil, 1975.

MERLIN-KAJMAN Hélène, *Lire dans la gueule du loup. Essai sur une zone à défendre, la littérature*, Paris, Gallimard, collection « NRF Essais », 2016

MURAT Michel, *Le Romanesque des lettres*, Paris, José Corti, collection « Les Essais », 2017

RUFFEL Lionel (dir.), *Qu'est-ce que le contemporain ?*, Nantes, Cécile Defaut, 2010.

SAMOYAULT Tiphaine, *L'Intertextualité. Mémoire de la littérature*, Paris, Armand Colin, collection « 121 », 2001.

SIMON Anne, *Une bête entre les lignes. Essai de zoopoétique*, Marseille, Wildproject, collection « tête nue », 2021.

SIMONET-TENANT Françoise, *Le Journal intime – genre littéraire et écriture ordinaire*, Condé-sur-Noireau, Téraèdre, 2001.

VERCIER Bruno et VIART Dominique, *La Littérature française au présent* (2005), Paris, Bordas, collection « La bibliothèque », édition augmentée en 2008.

Articles de presse et entretiens

BARRABAND Mathilde, « Entretien avec Bruno Blanckeman, Marc Dambre et Alain Viala », in *Du « contemporain » à l'université : Usages, configurations, enjeux*, Marie-Odile André et Mathilde Barraband (dir.), Paris, Presses Sorbonne Nouvelle, 2015, p. 25-39.

CALLE Sophie, « Souris », *Le Monde*, 11 août 2017.

COMPAGNON Antoine, « La dégringolade d'un surdoué », *Le Point*, 1er septembre 2016.

ERNAUX Annie, « La littérature se dissout », propos recueillis par Nicolas Truong, *Le Monde*, 15 octobre 2016.

FOREST Philippe, « Il faut une littérature révoltée », propos recueillis par Franck Nouchi, *Le Monde*, 8 mars 2007.

GATINOIS Claire, « "Nos étoiles ont filé", d'Anne-Marie Revol : un deuil interminable », *Le Monde*, 10 novembre 2010.

GRAINVILLE Patrick, « Mes enfants, mes amours », *Le Figaro*, 14 octobre 2010.

KÉCHICHIAN Patrick, « "Tom est mort", la polémique », *Le Monde des livres*, 24 août 2007.

PENNAC Daniel, « *Mon frère* de Daniel Pennac. Entretien », Site Gallimard. Url : http://www.gallimard.fr/Media/Gallimard/Entretien-ecrit/Entretien-Daniel-Pennac.-Mon-frere/ (source)/187566 (consulté le 31 août 2020)

BIBLIOGRAPHIE THÉORIQUE EN SCIENCES HUMAINES, SCIENCES SOCIALES ET HISTOIRE

ARTICLES, CHAPITRES D'OUVRAGES ET OUVRAGES PORTANT SUR LA MORT ET LE DEUIL

ABRAHAM Nicolas, TÖRÖK Maria, *L'Écorce et le noyau* [1978], Paris, Flammarion, 2009.

ALLOUCH Jean, *Érotique du deuil au temps de la mort sèche*, Paris, EPEL Éditions, 1995.

ARIÈS Philippe, *L'Homme devant la mort*, tome 1, Paris, Le Seuil, 1977 (réédition « Points Histoire », 1985).

ARIÈS Philippe, *L'Homme devant la mort*, tome 2, Paris, Le Seuil, 1977 (réédition « Points Histoire », 1985).

BACQUÉ Marie-Frédérique, *Le Deuil à vivre*, Paris, Odile Jacob, 2000.

CLAVANDIER Gaëlle, *Sociologie de la mort. Vivre et mourir dans la société contemporaine*, Paris, Armand Colin, 2009.

COURNUT Jean, « Deuil et sentiment de culpabilité », *Le Deuil*, Nadine Amar (dir.), Paris, Presses universitaires de France, 1998

DÉCHAUX Jean-Hugues, « "La mort n'est jamais familière". Propositions pour dépasser le paradigme du déni social », in Sylvie Pennec (dir.), *Des vivants et des morts. Des constructions de la « bonne mort »*, Brest, ARS-CRBC, UBO, 2004, p. 17-26.

DÉCHAUX Jean-Hugues, « La mort incertaine », *Faut-il faire son deuil ? Perdre un être cher et vivre*, Pascal Dreyer (éd.) Paris, Autrement, 2009, p. 193-207

DÉCHAUX Jean-Hugues, « Mourir à l'aube du XXIe siècle », *Gérontologie et société*, vol. 25/102, n° 3, 2002, p. 253-268.

DOKA Kenneth J., *Disenfranchised grief : Recognizing hidden sorrow*, Lexington, Massachussets, Lexington, 1989.

ELIAS Norbert, *La Solitude des mourants* [1979], Paris, Christian Bourgois, 1988.

ESQUERRE Arnaud, *Les Os, les cendres et l'État*, Paris, Fayard, 2011.

FÉDIDA Pierre, *L'Absence*, Paris, Gallimard, collection « Bibliothèque de l'Inconscient », 1978.

FERRARINI Yves, « Deuils inavouables : le poids du secret et une estime de soi "abîmée" », *Jusqu'à la mort accompagner la vie*, vol. 121, n° 2, 2015, p. 93-96.

FREUD Sigmund, « Deuil et mélancolie », in *Métapsychologie* (1917), traduction française Jean Laplanche et Jean-Bertrand Pontalis, Paris, Gallimard, 1968 (réédition collection « Folio », 1986).

GORER Geoffrey, « The Pornography of Death », *Encounter*, N° 4, 1955, p. 49-52. (« Pornographie de la mort », in Geoffrey GORER, *Ni pleurs ni couronnes*, Paris : EPEL, 1995.)

HÉRAN Emmanuelle (dir.), *Le Dernier Portrait*, Paris, Réunion des musées nationaux, 2002.

JANKÉLÉVITCH Vladimir, *La Mort* [1966], Flammarion, collection « Champs », 1977.

KEDDIE Kenneth M. G., « Pathologial mourning after the death of a domestic Pet », *British Journal of Psychiatry*, Volume 131, Issue 1, July 1977, p. 21-25.

KLEIN Mélanie, « Le deuil et ses rapports avec les états maniaco-dépressifs » (1948), *Essais de psychanalyse*, traduction française Marguerite Derrida, Paris, Payot, 1982.

KÜBLER-ROSS Élisabeth, *Les Derniers instants de vie*, Genève, Labor et Fides, 1975.

KÜBLER-ROSS Élisabeth, *On Death and Dying* [1969], Londres, Tavistock / Routledge, 1989.

LAUFER Laurie, *L'Énigme du deuil*, Paris, Presses Universitaires de France, 2006.

LIU Wai-Man, FORBAT Liz, ANDERSON Katrina, « Death of a close friend : Short AND long-term impacts on physical, psychological and social well-being », *PLoS ONE* 14 (4), 2019.

LUSSIER Martine, *Le Travail de deuil*, Paris, Presses Universitaires de France, collection « Le fil rouge », 2007.

M'UZAN Michel (de), *De L'Art à la mort*, Paris, Gallimard, 1977.

MOREL CINQ-MARS José, *Le Deuil ensauvagé*, Paris, Presses Universitaires de France, 2015.

MORIN Edgar, *L'Homme et la Mort*, Paris, Le Seuil, 1970.

PARKES Collin Murray, *Le Deuil. Études du deuil chez l'adulte*, Paris, éditions Frison-Roche, collection « Face à la mort », 1996.

RAIMBAULT Ginette, *Lorsque l'enfant disparaît*, Paris, éditions Odile Jacob, 1996

ROMANO Hélène, « L'enfant face à la mort », *Études sur la mort*, vol. 131, n° 1, 2007, p. 95-114.

THOMAS Louis-Vincent, *Anthropologie de la mort*, Paris, Payot, 1975.

THOMAS Louis-Vincent, *La Mort*, Paris, Presses Universitaires de France, collection « Que-sais-je ? », 1998.

VOVELLE Michel, *La Mort et l'occident de 1300 à nos jours*, Paris, Gallimard, 1983.

WIDLÖCHER Daniel, « Deuil fini et deuil sans fin. À propos des effets de l'interprétation », *Le Deuil*, Nadine Amar (éd.), Paris, Presses Universitaires de France, 1998, p. 151-162.

WIDLÖCHER Daniel, « Préface », in *Le Travail de deuil*, Martine Lussier, Paris, Gallimard, 2007.

AUTRES

AUGÉ Marc, *Non-lieux, introduction à une anthropologie de la surmodernité*, Paris, Seuil, « La librairie du XXIe siècle », 1992.

BOURDIEU Pierre, « Le champ littéraire », *Actes de la recherche en sciences sociales*, vol. 89, nº 4, 1991, p. 3-46.

BROQUA Christophe (dir.), *Agir pour ne pas mourir ! Act Up, les homosexuels et le sida*, Paris, Presses de Sciences Po, 2005.

BRUSSET Bernard, « Le Lien fraternel et la psychanalyse », *Revue française de psychanalyse*, 2008/2, volume 72, p. 347-382.

CHAUVIN Sébastien et LERCH Arnaud, « IV. Des liens et des familles », in *Sociologie de l'homosexualité*, Sébastien Chauvin (éd.), Paris, La Découverte, 2013.

DERRIDA Jacques, *Mémoires pour Paul de Man*, Paris, Galilée, collection « La philosophie en effet », 1988.

DERRIDA Jacques, *Chaque fois unique, la fin du monde*, Paris, Galilée, 2003.

ÉRIBON Didier, *La Société comme verdict*, Paris, Fayard, 2013 (réédition Flammarion, collection « Champs Essai », 2014).

FOUCAULT Michel, « De l'amitié comme mode de vie » [1981], *Dits et écrits*, Paris, Gallimard, collection « Quarto », vol. II, 2001.

HÉRITIER Françoise, « Articulations et substances », *L'Homme* [Online], 154-155 | avril-septembre 2000, Online since 04 May 2007. URL : http://journals.openedition.org/lhomme/20 ; DOI : 10.4000/lhomme.20 (consulté le 31 août 2020)

JABLONKA Ivan, *L'Histoire est une littérature contemporaine. Manifeste pour les sciences sociales*, Paris, Le Seuil, « La librairie du XXIe siècle », 2014.

KAËS René, *Le Complexe fraternel*, Paris, Dunod, 2009.

KRISTEVA Julia, *Je me voyage, Mémoires, entretiens avec S. Dock*, Paris, Fayard, 2016.

LEMOINE Patrick, *Le Sexe des larmes*, Paris, Robert Laffont, 2002.

LEVY Joseph et NOUSS Alexis, *Sida-fiction : Essai d'anthropologie romanesque*, Lyon, Presses universitaires de Lyon, 1994.

MARTIN Éric, « Les enjeux du livre au format de poche », *Culture études*, vol. 4, nº 4, 2008, p. 1-8.

NANCY Jean-Luc, *La Communauté désœuvrée*, Paris, Christian Bourgois, 1986.

PISON Gilles, *Population et société*, nº 410, Ined, 2005.

ZAOUI Pierre, *La Traversée des catastrophes*, Paris, Le Seuil, collection « L'ordre philosophique », 2010 (réédition collection « Points Essais », 2013).

INDEX DES NOMS

TABLE DES MATIÈRES

IMPRIM'VERT®

Achevé d'imprimer par Corlet,
Condé-en-Normandie (Calvados),
en Décembre 2023
N° d'impression : 183196 - dépôt légal : Décembre 2023
Imprimé en France